教育改革视角下的体育教学理论与实践研究

陈 剑 著

中国原子能出版社

图书在版编目（CIP）数据

教育改革视角下的体育教学理论与实践研究 / 陈剑
著. --北京：中国原子能出版社，2023.11
ISBN 978-7-5221-3053-8

Ⅰ. ①教… Ⅱ. ①陈… Ⅲ. ①体育教学–教学研究
Ⅳ. ①G807.01

中国国家版本馆 CIP 数据核字（2023）第 200012 号

教育改革视角下的体育教学理论与实践研究

出版发行　中国原子能出版社（北京市海淀区阜成路 43 号　　100048）
责任编辑　杨　青
责任印制　赵　明
印　　刷　北京天恒嘉业印刷有限公司
经　　销　全国新华书店
开　　本　787 mm×1092 mm　1/16
印　　张　11.25
字　　数　184 千字
版　　次　2024 年 1 月第 1 版　　2024 年 1 月第 1 次印刷
书　　号　ISBN 978-7-5221-3053-8　　　　定　价　**72.00 元**

发行电话：**010-68452845**　　　　　　版权所有　侵权必究

前　言

　　现代社会的竞争归根结底是人才的竞争，社会的发展需要的是综合型人才，即要求人不仅要有出色的专业技能和心理素质，还要有良好的社会适应能力。为了培养出这类人才，就需要坚持素质教育，开展德、智、体、美、劳等课程，力求促进学生的全面发展，其中体育教学也是其重要组成部分。

　　学校作为重要的体育教育开展场所，对提升学生的综合素质水平起到了不可忽视的作用。然而现代体育教学早已不同以往，更多教学方法和手段的出现给体育教学管理部门和体育教师提出了更高的要求，体育教学甚至已经成为具有独立教学体系的专业化学科。

　　体育课程改革是目前深化学校体育改革的热点和核心内容，而体育教学改革作为体育课程改革的中心任务，其重点在于教学方法和教学模式的改革。

　　本书分为五章：第一章为体育教学综述，主要就体育教学的概念与特点、体育教学的性质与功能、体育教学的原则与规律、体育教学研究的相关理论四个方面展开论述；第二章为体育教学改革探究，主要围绕体育教学改革的理论与成果、体育教学改革的发展历程、体育教学改革的发展动态三个方面展开论述；第三章为基于教育改革的体育教学研究，依次介绍了体育教学思想观念的改革与发展、体育教学内容与评价的改革与发展、体育教学课程改革与体育文化建设、体育教学的人才培养创新研究四个方面的内容；第四章为体育教学方法与教学模式改革，依次介绍了游戏教学法在体育教学中的运用、程序教学法在体育教学中的运用、分层教学模式在体育教学的运用、运动教学模式在体育教学的运用、翻转课堂模式在体育教学的运用、俱乐部模式在体育教学的运用六个方面内容；第五章为教学改革视角下的体育教学实践，分为四部分内容，依次是田径运动、球类运动、健美操运动及武术运动。

在撰写本书的过程中，作者得到了相关专家的帮助和指导，在此表示真诚的感谢。本书内容全面，条理清晰，但由于作者水平有限，书中难免会有疏漏之处，希望广大读者及时指正。

作　者

2023 年 3 月

目　录

第一章 体育教学综述

体育教学是提升学生体育理论知识和体育实践技能的主要方式，在现代学校教育中，体育教育作为素质教育的重要组成部分已获得越来越多的关注。本章为体育教学综述，主要就体育教学的概念与特点、体育教学的性质与功能、体育教学的原则与规律及体育教学研究的相关理论四方面展开论述。

第一节 体育教学的概念与特点

一、体育教学的概念

（一）定义

体育教学是由"体育"和"教学"这两个词语组成，把教学的概念与体育的理论体系相结合，形成了全新的教学内容与教学方法。在实际的体育教学过程中，体育教学和其他学科一样，具有完整、成熟的体系，需要进行组织活动和管理活动。体育教学与其他学科的教学有所不同，如体育教学对教学环境有独特要求，对场地和器材也有不同的要求。由此可见，体育教学并不是思路固定、例行公事的教学活动，不能把其视为一种休闲娱乐的放松活动，它需要众多因素的共同作用才可以正常、合理、科学的开展。体育教学的实践过程就是通过学校教育，学生在教师的指导下，通过理论的学习，运动技术和技能的尝试与掌握，提高身体素质、保持身心健康、提高运动水平，形成对自然环境和社会环境的适应能力，培养良好的思想品德，养成终身体育的习惯，塑造自我个性的教育过程。

体育教学的概念目前尚无统一定义，不同学者有着各自的独特看法。潘绍伟、于可红在《学校体育学》中把体育教学定义为"学校体育的重要组成部分，是实现学校体育目标的基本组成形式，体育教学是教师的'教'与学生的'学'的统一活动。"[①] 龚正伟在《体育教学论》中指出："体育教学论研究的对象是体育教学。体育教学与其他各科教学一样具有共同性，都是一种有目的、有计划、有组织地对学生传授知识和技能，发展智力和体力，培养品德与形成个性的教育过程。"[②] 姚蕾在《体育教学论学程》中指出："体育教学是一种以体育教材为中介，学生在体育教师的指导下掌握体育知识、技术和技能，养成良好的体育锻炼习惯，促进学生身体、心理和社会适应能力健康发展的教育活动。"[③] 人们对新事物的概念界定一般都是通过长期实践中的认识和总结，只有明确概念，人们才可以进行客观和准确的思考与判断，才能更好地展开研究，进而得出更加深刻的结论。

任何事物的概念都应具有简洁、科学的特性，如果把事物的目的、功能、价值等问题融入概念之中，则会显得不够简洁。基于相关学者的研究和定义，可将体育教学的概念进行归纳、总结。体育教学是以体育实践性知识，即运动技术为主要学习内容的教学活动。需要注意的是，这种定义在一定程度上忽视了对体育教学理论的学习。在体育教学中，学习技术、技能和战术的同时还要学习理论知识。体育学习中，理论性知识的学习不是单纯地通过看教材、上网、看视频或室内理论教学课获得的，而是要把身体技能练习与理论性知识的学习充分结合，或者把体育理论知识的学习穿插于体育课堂教学的动作练习之中。也就是说，在体育教学中，既要重视技术技能的传授，也要应该重视传授理论知识。而仅仅依靠阅读教材、论文、期刊、媒体资料或室内理论课等形式来进行体育理论知识学习，从某种程度上来说是不可靠的。

当然，在体育教学中，体育室内理论课是教学体系中不可或缺的一环，但它与一般意义上的理论知识学习仍有一定差异。一是在体育教学中，理论课的比例很小，每学期只有两课时左右；二是作为运动技术学习的补充课程，

① 潘绍伟，于可红. 学校体育学 [M]. 北京：高等教育出版社，2015.
② 龚正伟. 体育教学论 [M]. 北京：北京体育大学出版社，2004.
③ 姚蕾. 体育教学论学程 [M]. 北京：北京体育大学出版社，2005.

当学生对技术动作有了一定练习后，再去学习相关的理论知识，能够对已经学习的实践性知识有更深入的理解。体育教学的上位概念是教学，它指的是"以课程内容为中介的师生双方'教'与'学'的共同活动"，其特点是通过各学科系统知识、技能的传授与掌握，发展学生的身体和心理。教学的上位概念是课程，课程概念的覆盖范围比较大，教学是指各科学、各领域内（如语文、数学、物理、英语、体育等）的师生双边活动，在范围上不如课程那么大，更加具体化。因此，体育教学具有明显的学科教学特征，是"教"与"学"的互动，是体育课程的下位概念，与它同一层次的概念有物理教学、数学教学、语文教学等。体育教学是学科教学的一部分，体育教学应先属于教学，教学活动是体育教学的下属概念，是体育教学的第一本位。

（二）内涵

体育教学活动并不是一成不变的，而是一个动态过程，这一过程中包括知识和技能的传授过程。在体育教学的不同阶段，体育教学的概念、角色等也因为多方面的作用和影响不断发生着变化。经过多年发展，现阶段体育教学的内涵包括以下三方面。

1. 体育教学是一门学科

在体育教学体系中有着诸多构成要素，主要有教学目标、教学内容、教学方法、教学模式、教学评价等方面。体育教学的目标主要是锻炼学生体能、提高学生身体素质、增进学生身心健康。体育教学中主要的教学组织形式是课程教学，体育课程教学是指为了实现教学目标，配合德、智、美、劳全面发展，并以发展学生体能、促进学生身心健康为主的特殊课程教学。通过上述界定，明确了学习体育运动的知识与技能，但对学生的活动体育运动的体验、情感的反映与社会适应的关注还比较有限。

2. 体育教学是教育的一部分

体育教学是在体育教师的指导下，从运动科学、生物学、教育学、运动心理学、运动保健学、社会学等学科中吸收精华，在体育与健康方面有规划、有组织、有目标地以身体练习为主要形式的活动，它与德、智、美、劳方面的培养相配合，共同促进学生身心的全面发展。除了在运动能力上没有做详尽的要求外，体育运动与体育活动训练方面的要求都能让学生身心得到锻炼和培养，这也是素质教育的主要内容及方法。

3. 体育教学是一种活动

体育教学主要是相关有组织、有计划、有目标的体育活动的组合，在教学实践中，学生仅仅掌握课本上的理论知识是远远不够的，体育教学是在亲身参与学习运动技能的基础上，掌握动作技能的体育活动，要达到一定的标准，是体育感受体验的积累，通过这种身体的感觉和感触才能学习并掌握技术动作。

二、体育教学的特点

体育教学与其他学科教学有一定的共同点，但也有很多不同点。从体育教学的性质来分析，体育教学与其他学科教学的共性主要体现在以下三个方面。

第一，体育教学是教师与学生的交流及互动。在体育教学过程中，教师与学生的交流和其他学科的教学活动一样具有互动性强的特征，教师与学生存在着双向交流。学生在课上的一举一动是公开的，教师的指导对学生会带来或大或小的影响。

第二，班级授课制是体育教学和其他学科教学都具有的上课方式。与其他课程教学一样，体育课的班级组成一般是自然班，但也有打破自然班组合的情况，如在高校体育课的选修课程中，每个教学班的人员组成并不是自然班，有同一个学院、同一个专业各个平行班的学生，也有同一个学院不同专业的学生，甚至有不同学院、不同专业的学生在同一时刻一起上体育课的情况。出现这样的情况是由高校体育教学的特点所决定的，虽然打破了自然班的建制，但实际教学中依然体现出了班级授课的特征。班级授课制的特点是一个学期内体育课堂教学的班级学生相对固定，且班级内学生的年龄、技能水平基本处在同等水平线上。

第三，体育教学的主要目的是传授相应的知识和技能，这与整个教育事业的"传道授业"有着同样道理。同时，相较于其他文化学科，大部分学生喜欢并且愿意上体育课，并且学校对体育课的要求越来越细致、严格。大家都知道参加体育活动对身心发展具有很好的促进作用，特别是对智力开发具有特殊的意义。

因此，体育教学是对"知识与技能"进行传承的独特方式。所不同的是，体育教学传承的是体育文化。结合体育教学的性质，并对其他学科教学进行对比分析，可以总结出体育教学的基本特点，下面就来阐述一下体育教学的具体特点。

（一）师生活动具有频繁性

在体育教学中，由于"身体知识"源于人体不断的思考、实践，因此在体育教学中，需要体育教师反复进行技术动作的示范、反馈与指导，而学生要做的则是端正态度，集中注意力观看，之后再进行动作的尝试与体验。不通过亲身实践与身体练习，学生是无法习得相关技术与技能的。所以，在体育课的实际教学过程中，教师与学生进行动作与技能的学习是很常见的事情，但在其他学科的教学中很难看到。其他学科的课程一般情况下都在室内进行，要求保持安静的课堂氛围，但体育教学中却恰恰相反。

（二）知识传承的操作性

与其他学科明显不同的是，体育运动的知识是"身体"的知识。身体知识是一种回归人类自身感觉的知识，这方面的理论是人类发展过程中的一种特殊知识，是人们从对外部自然知识的追求转向对人体内部知识追求的结果，是人类面向自我的一种挑战。当今，不少学校都十分重视学生的主体性，关注学生的个性养成，这种追求人自我知识的回归不仅体现体育教学的特殊性，还体现了体育教学知识传承的特殊目标与根本意义。

（三）身心合一的统一性

体育对人自身的改造，不仅是外在结构与生理机能的统一，还是身体和心理的统一。体育教学要在传承体育文化的同时改变学生的身体形态，并强化学生的心理与社会适应能力。体育教学与其他学科的智育教学所处的情境是不同的，它营造了一种能够直观感触到的教学环境，这些直观的、富含情感的教学情境对学生的心理与社会适应能力的养成具有促进作用。

因此，体育教学中的身心发展是一元的，符合辩证唯物论的哲学观点。身体发展是体育教学的基础，心理发展是依靠身体的发展而发展的，心理的发展同时促进着身体的发展。体育教学中身心合一的统一性主要体现在以下三个方面。

第一，体育教师在教学中选择教学方法时必须要考虑学生的个人情况，要符合学生的身心变化规律，使学生在一定运动负荷的要求下，在身体锻炼与整理休息的过程中实现身心发展。在人开始运动后，机体的生理机能状态出现变化，各器官进行工作，长期坚持后运动水平就会进一步提升，发展到一定水平时，会固定一段时间。当体内堆积大量代谢物质，如糖原等物质消耗过多后，机体的运动水平就会下降。在体育课程教学中，教师对运动量和休息时间有着科学的分配，所以学生的生理机能变化不是直线，而是有波峰和波谷的曲线。

第二，体育教学的内容在选择时不仅要注重对学生身体、运动能力的正面促进，还要注重对学生心理健康及社会适应能力的培养，要符合心理学、体育美学和社会学等方面的要求。

第三，体育教学要符合学生的年龄特点和心理特点。因为学生尚处于身体发育阶段，心理上很容易出现变化及波动，思维、情绪、意志等方面的变化会对动作技术和体育技能的学习产生影响。这种生理、心理负荷波浪式的曲线变化规律体现了体育教学具有鲜明的节奏。

因此，体育教师应根据学生的心理特征对教学进行全面设计和组织，在促进学生身心发展的同时，培养学生对体育的积极性，形成对体育项目的兴趣，让体育教学更有效地发挥自身的功能。

（四）教学内容的审美性

体育具有艺术感和美感，而体育教学中的美感首先体现在师生运动过程中的形体美与运动美上。首先，学生通过身体锻炼让自己的身形变得更具有美感，形成身体各部分线条的美、身体比例对称的美，在运动的过程中体现出人体结构的美，这些都是体育运动的外在美。其次，体育教学还体现了人类挑战自我的精神之美，也就是内在美。在运动中克服身体和精神的障碍，达到运动学习的目标；运动实践中体现谦虚、谦让、尊重等良好的道德风范，这些也都是美的表达。除了体育运动的外在美和内在美，体育教学活动还体现了教学内容的审美性。

每一个运动项目都彰显出不同的审美特征，如球类项目，除了体现出人的运动能力和运动天赋外，还需要具备团队合作、相互协调、互帮互助等人际交往的素质；田径项目更多的是体现人类的力量与速度，同时显现出没有永远的赢家及永不放弃、奋勇拼搏的豪迈气概；健美操项目展示的是柔韧、灵巧、婉约、柔和的美等。

人们在长期的发展实践过程中，各种体育方面的知识和技能通过反复积累得到了运用及发展。首先，体育教师通过长期的总结和提炼，将其准确地传授给学生，让学生去感触与体验，从中感受到美，得到美的启迪，陶冶情操，净化心灵，促使身心的和谐发展。其次，教学是一种社会活动，师生共同创造的和谐课堂教学情境给人以意境的感悟与精神上的感化，令人感受到体育教学的美好。

（五）教学过程的直观性

体育教学的过程体现了鲜明的直观性，具体来讲，教师在讲解动作时，声音要洪亮、清楚，还要生动形象、通俗易懂地描述动作技术，把要传授的知识进行艺术加工，这样才能让学生加深对动作的感知与记忆。同时，体育教师要通过直观的动作进行示范，具体方式有教师亲自示范、优秀学生示范、学生正误对比示范、教学模具示例、人体模型实例和动作图解等，使学生通过感官形成对动作的基础认识。学生通过各种渠道与媒介观看正确的动作示范，从而达到掌握体育知识、技术和技能的目的，还能提升自身的观察能力和形象思维能力。另外，体育教学的组织与管理也体现了直观性的特征。

在体育教学中，每个学生的动作和形态都是直接显露出来的，教师能看得一清二楚；反过来，教师在课上的一举一动，所有学生也能看得很清楚。

因此，体育教师也要约束自己的言行，因为教师要起到表率和带头作用，对学生的行为具有潜移默化的教育意义；而学生的课堂表现则是直接的、真实的反映，特别是在学生在学习动作的过程中，所表现出来的言谈举止都是真实的情感流露，这一信息正是教师需要注意与收集的。

（六）客观条件的制约性

体育教学还有一个与众不同的特征，那就是体育课的教学效果更容易受到外界的影响，更容易受到客观实际情况的制约，如学生的体育基础素质、体质水平，学生的性别、年龄、生理特点和心理特点，外界气候条件、运动场地、器材设备等，这些因素都从不同层面对体育教学质量有着不同程度的影响。

从体育教学的角度来说，体育教学的实施要体现教育的全面性，不仅要根据学生的运动基础进行区别对待，还必须根据学生的年龄、性别、生理特点和心理特点等进行全面考虑。因为男生和女生在身体形态、运动素质、机能水平、运动功能等方面差异巨大，所以教师在教学设计、教学要求、教学组织等方面根据学生的性别不同要有所区分。如果忽略了学生的差异，在组织、方法和内容上盲目选择，不仅达不到增强体质的目标，还有可能增加学生的运动负担，造成运动疲劳等情况。

从体育教学的环境角度来看，体育课大多数情况下都在室外进行，在室外就会有各种客观影响因素，如气温、气候、噪声等。同时，学生在室外有新奇感，心理上更加不受拘束，这种环境会使学生的注意力不集中。还有一些不可控的因素，如学校的各种活动、节假日等，都会对体育教学产生一定程度的影响。同时，体育教学对场地、器材设备条件的要求也是体育课比较特殊的一个方面。因此，在教学计划中，从教材内容选择到教学组织方法实施，从一学期的教学计划到每一课时的具体计划，教师都必须考虑到这些客观情况，排除各个因素的干扰，提高体育教学质量与效果，同时要克服严寒酷暑、风霜雨雪等不利条件，培养学生坚持不懈、战胜自我的精神。

第二节　体育教学的性质与功能

一、体育教学的性质

（一）具有促进人全面发展的特性

根据马克思主义教育观的原理，体育是全面发展教育的重要组成部分。体育教学是以学生身体活动（运动）为根本特征，区别于学校中的德育过程和智育过程，它主要从身体教育或透过身体教育的角度来实现人的全面发展。

（二）具有社会制约性和服务性

从体育教育的产生与发展过程来看，体育教育受社会发展程度的影响和制约。近年来，很多国家都修改和补充了体育教学大纲，加强与改革了体育教育，提高了体育教育的地位，加强了体育师资队伍的建设，投入了一定的物力和财力，促进了体育教育事业的发展。我国也非常重视体育教育，20 余年来，国家出台了一系列的政策来加强青少年的体育教育工作。1999 年，中共中央、国务院颁布了《关于深化教育改革、全面推进素质教育的决定》，明确指出实施素质教育不仅要抓好智育，还要加强体育，促进学生的全面发展和健康成长。切实加强学校体育工作，使学生养成体育锻炼的习惯。2007 年，中共中央、国务院颁布了《关于加强青少年体育增强青少年体质的意见》。

2011 年，教育部颁布了新版的《体育与健康课程标准》。教育部、发展改革委、财政部、体育总局于 2012 年联合出台了《关于进一步加强学校体育工作的若干意见》。

2016 年，国务院办公厅颁发了《关于强化学校体育促进学生身心健康全面发展的意见》，文件指出要不断改革创新体制机制，全面提升体育教育质量，健全学生人格品质，切实发挥体育在培育和践行社会主义核心价值观、推进素质教育中的综合作用。

从以上我国 20 余年来不断出台的加强学校体育教育的政策来看，体育教育已经深受我国政府和社会的关注和支持，体育教育事业在我国迎来了发展良机。

综上所述，社会经济的发展会在一定程度上制约体育教育的发展，但是良好的社会经济发展会为体育教育的发展提供基础，促进其健康发展。而体育教育事业的不断推进也会为社会培养一批德、智、体、美全面发展的人才，为社会的经济发展提供良好的服务，因此两者是相辅相成的关系。

（三）体育教育研究的多维体育观

随着现代社会的快速发展，人与人之间的竞争越来越激烈。因此，在学校教育中，必须提高体育教育的质量，通过体育教育的方式培养身体强健、意志力顽强、能适应现代社会竞争的高素质人才。这要求我们必须从多方面，并且用多种方法去研究体育教育。体育教育的本质应该从生物学、社会学、心理学、人体科学等多维角度去探究，其本质的理论应该是全面的、系统的、多维的、立体的，现代体育教育的发展已经充分显示出它的多种功能。随着社会的进步和不断发展，还需要不断更新观念，不断提高研究的方法与技能，并从多角度去分析和研究体育教育，这样才能使体育教育不断适应社会发展的需求，并促进体育教育的改革与发展。

二、体育教学的功能

（一）本质功能

根据体育教学的本质特征，体育教学的本质功能包括健身功能、健心功能、教育功能。

1. 健身功能

（1）提高人体心血管系统的机能

① 参加体育运动可以使心肌细胞内的蛋白质合成增加，心肌纤维变粗，使心肌收缩力量增强，进而使心脏的每搏输出量增加，心脏的供血能力就会增强。

② 参加体育运动可以增加血管壁的弹性，预防或缓解因血管壁退化引起

的疾病，如退行性高血压等。

③ 参加体育运动可以加大人体毛细血管的开放程度，加快血液与组织液的交换，提高机体新陈代谢的水平。

④ 参加体育运动可以显著降低血液中的血脂含量（如胆固醇、蛋白质、三酰甘油等），有效预防冠心病、高血压和动脉粥样硬化等疾病。

⑤ 经常参加体育运动可以使人在安静时的脉搏和血压降低。

（2）增强人体呼吸系统的机能

① 经常参加体育运动，特别是做一些有氧耐力运动，如长跑、游泳等运动项目，可以使呼吸肌的力量增加，促进肺组织的生长发育和肺的扩张，使肺活量增加。此外，经常性地进行深呼吸运动也可以提高人的肺活量。

② 参加体育运动后，由于增大了呼吸肌的力量，使呼吸深度增加，提高了肺的通气效率，也提高了氧从肺进入血液的能力。

（3）促进人体骨骼和肌肉的生长发育

人从出生到成人，是一个不断成长和发育的过程，而人的成长和发育主要体现在骨骼和肌肉的成长和发育方面。青少年时期，通过让青少年接受一定的体育教育，参加一些体育运动，特别是一些跳跃类、牵拉类的运动可以刺激骨骼中骺软骨的发育，从而促进青少年身高的增长。此外，参加体育运动还可以使人的骨骼变粗、骨密度增厚，并且可以增加骨骼的抗压和抗弯折能力。相关医学研究表明，经常参加体育运动，可以增加人体内氧化酶的浓度和线粒体的数量，提高人体肌肉的有氧代谢水平，提高肌肉的能量利用能力，从而更好地为机体供能。

2. 心理健康功能

这里所说的健心功能主要指的是，参与体育运动可以调节人的心理状态，促进人保持心理健康。现代社会极大地丰富了人们的物质生活，但是精神生活不能很好地得到满足，快节奏的生活、高压力的竞争使人们在精神上和心理上出现了一定的问题，出现了如抑郁、焦虑、感情淡漠等心理病症。而在青少年群体中，如恋爱受挫、考试升学的压力、大学生就业的压力等都给他们带来了不同的心理问题，心理健康对人的整体健康具有重要的意义。

参加体育运动能够调节人的心理状态，促进人的心理健康，其主要体现在以下方面：参加体育运动可以刺激人体产生一定的内啡肽，而内啡肽具有调节体温、心血管和呼吸的功能，也可以调节人不良的情绪，振奋精神，缓解抑郁，使人的身心能够保持轻松愉悦的状态。此外，参加体育活动可以增加人与人的情感交流，特别是一些集体的运动，可以培养人的团结协作精神，化解人的孤独感和抑郁感。参加体育活动还可以让人获得自信，如在比赛场上的制胜一击、球场上的关键角色的扮演等，都可以让人对自己进行一个全新的认识。

3. 教育功能

作为一种教育活动，体育教育对人的教育功能是其本质功能之一，主要体现在以下四个方面。

（1）教会人基本的生活能力。人出生以后，缺乏生存需要的基本能力，如走、跑、跳等，这些都需要后天学习和训练，而体育教育是最好的途径。体育教师从小就教我们站立、走路、跑步的正确姿势，为我们日后生活打下了坚实的基础，这是人最初始的需求。从这个角度来讲，体育教育不可或缺。

（2）传递体育知识和文化。体育是人类生产生活中不断形成的文化活动，是一项宝贵的文化遗产，因此必须通过一定的活动来传递这种文化，体育教育就是承担这个职责的最好助手。通过体育教育，人们可以学习体育知识，掌握锻炼身体的办法，并且可以让人认识到体育对人健康的价值，促进人们形成一定的体育意识，养成体育运动的习惯，从而形成健康的生活方式。通过引导青少年参加体育比赛，观看体育比赛，对体育规则和文化有进一步的认识和了解，起到传递体育文化的作用。

（3）促进人的社会化。每一个人都不仅是一个自然人，更是一个社会人，具有很强的社会性。在经历家庭教育、学校教育、社会教育的共同教育后，人的社会属性逐渐成为第一性，逐渐完成个人的社会化。人只有完成社会化，才能不断适应社会的需要。很多学者都提出了通过体育教育、体育运动来促进人的社会化，这是因为人在参加体育运动或者体育比赛时，都需要遵守项目的规则和要求，而遵守规则放到社会领域便是遵守法律法规、遵守纪律。体育比赛中强调的公平、公正，如果延伸到生活中，就是追求社会的平等和公正。在参与体育比赛的过程中，需要跟不同的人交往，如队友、裁判、观众等，这些都可以帮助人适应社会中的角色，通过参与和体验，不断修正自己的行为。体育教育是一项非常好的、促进人社会化的活动。

（4）进行爱国主义教育。在体育教育的活动中，体育比赛等活动可以激发人们的爱国热情，是一项非常好的进行爱国主义教育的活动。我们时常能在奥运会、世界杯等世界性大赛的舞台上看到运动员在取得胜利后披着国旗绕场一周的画面，这些都能很好地给观看比赛的青少年传递极大的爱国热情，进行良好的爱国主义教育。国际比赛前的奏国歌仪式总能激发人们爱国的热情，让人们接受爱国主义的洗礼。因此，各种形式的体育活动和体育比赛都是很好的爱国主义教育。

（二）延伸功能

体育教育除了本质功能以外，还有一些延伸功能，其延伸功能主要包括娱乐功能和经济功能。

1. 娱乐功能

在进行体育教育的过程中，可以感受到体育活动与娱乐的天然联系。体育运动本身就包含着娱乐的元素，体育教育过程中为学生安排的体育游戏就含有娱乐的成分。现代的体育教育已经不单单是传统意义上的体育课了，人们在闲暇时间参加一定的体育教育活动，如参加体育培训班接受健身指导等，可以缓解紧张的情绪，使人更加快乐和放松。

2. 经济功能

体育教育的经济功能主要体现在三个方面：一是通过让人学会相应的体育技能，参加体育运动，促进人身心健康的发展。一个人只有拥有健康的体魄，才能为社会创造价值，创造经济效益和社会效益，这是体育教育经济功能的间接体现。二是现代社会已经拥有了很多的体育教育培训机构，通过培养青少年的体育技能来产生经济效益，这是体育教育的经济性功能之一。三是通过体育教育可以培养一批运动员，优秀的竞技运动员可以成为体育明星。体育明星具有很强的吸金能力，如一些足球运动员的代言收入可以达到几千万美元，这是他们产生的经济效益，也是体育教育产生的经济效益。

第三节　体育教学的原则与规律

一、体育教学的原则

（一）全面发展原则

体育教学应以促进学生的身体锻炼为基础，促进学生身心的全面协调发展。在体育教学中，除了促进学生身体健康外，还应将体育教学与心理学、美学和社会学等学科结合起来，全面提高学生智力、心理素质、美育（感）和能力，以培养适应社会主义现代化建设需要的人才。

1. 基本依据

（1）社会主义体育教学目的的需要。我国社会主义的性质，决定了体育教学具有明显的社会主义的目的性，就是为培养身心健康的全面发展的人才。因此，在体育教学中，要使学生身心双修。

（2）实现体育教学基本功能的需要。体育具有健身功能、教育功能、休闲娱乐功能、促进个体社会化功能和美育等多种功能。由此可见，体育教学是集中实现体育多种功能的有效途径。

（3）学生发展的需要。在新的历史发展时期，学生的发展并不仅局限于身体的发展，在思想、心理、智力、道德品质与行为、审美等方面都应得到发展。

2. 基本要求

（1）体育教师在体育教学中应该认真学习和领会体育教学大纲（或课程标准）精神，全面贯彻教学大纲（或课程标准）的目标和要求。

（2）体育教师应树立现代体育教学价值观念。用现代体育教学价值观去评价和衡量现代体育教学质量。现代体育教学除了具有一定的生物学价值，还具有心理学、教育学、社会学及美学的价值。

（3）在体育教学的准备、实施、复习、评价等阶段中，制订教学任务、选择教学内容和运用各种教学手段和方法时，都应注意增强学生体质并促进其全面发展。

（4）体育教师在制订各种体育教学工作计划和编写教案时，应在课堂中给予学生足够的训练时间，并在教学中重视学生的心理发展。

（二）合理安排运动负荷原则

1. 基本依据

（1）不同学生成长发育的特殊性。不同学生成长发育的特殊性对于儿童青少年的体育教学尤其重要，在针对儿童青少年的体育教学中，大多数学生的身体尚处在成长发育期，身体各方面机能的发展还并不完善，对体育教学的安排既要满足学生锻炼身体和掌握运动技能的需要又不至于使学生体能透支而出现危险情况。体育教师在为学生安排和设计体育教学活动量时，要以学生可以承受的身体负荷为依据。

（2）人体发展的基本规律。学生在参与体育教学时，不管是身体练习还是运动技能的学习，都需要承受一定量的运动负荷，但人体在体育运动过程中的规律揭示出任何练习和教学都不是活动量越大越好，运动负荷过大，会对学生的身体健康造成不同程度的损害，运动负荷过小，不利于良好教学效果的取得。运动负荷的适宜性安排得是否得当，是检验一名体育教师水平高低的标准。

2. 基本要求

（1）运动负荷的安排要服从体育教学目标。体育教学的目标始终是培养学生的健康体魄和良好的心理素质。因此，基于这个目标就可以清晰地理解，体育教学不是为了让学生不断超越身体的极限、挑战自我，也不是为了增加运动负荷而进行大运动量训练，竞技体育中单纯为了金牌而无限制地加大运动负荷的方法不适用于学校中普通学生的体育教学。

（2）运动负荷的安排要服从学生身体需求。体育教学应为促进学生身体发展而服务，因此，体育教学中，运动负荷的大小应充分考虑学生的身体发展状况与需要。教师要合理地安排运动负荷，就必须了解学生的身体发展情况（包括不同性别学生的生理差异、学生在不同成长发育阶段的特点等）。运动负荷安排要体现对学生身体的无伤害性，同时有利于促进学生身体发育。

（3）运动负荷的安排要充分考虑学生之间共性与个性的关系。一方面，教师要从学生的整体情况来考虑。这个整体情况主要是指高校大学生的年龄段有相对趋同性，他们的身体素质发展有类似的特点。另一方面，教师在整体趋同性的基础上，还要关注一些个人特殊情况，如对伤病学生的运动负荷安排应酌情减少。

（4）运动负荷安排应为逐步提高学生自我控制运动负荷能力服务。体育教育虽主要以让学生参与身体练习为主，但是也不能忽视对体育理论知识的讲授，这种理论教学往往能够让学生更好的理解体育的意义，促使他们主动参与到体育锻炼中来，而不是仅仅在课堂中参与。因此，体育教师应加强学生的体育运动理论知识的教育，提高学生自己判断运动负荷是否合理的基本能力，并使学生能在体育活动中自主调节运动负荷。

（5）体育教学中应重视合理休息。运动负荷的安排与休息方式、休息时间有关，科学合理地安排休息方式、休息时间，对于顺利达到理想的体育锻炼效果有着重要作用。

（三）循序渐进原则

1. 基本依据

在体育教学过程中，首先要遵循的就是由简到繁、由易到难、由已知到未知、逐步深化的原则，循序渐进才能让学生更好地掌握体育方面的知识和技能。

2. 基本要求

（1）制订好教学文件、安排好教学内容。在保证教学文件和教学内容都安排妥当的情况下，才能执行教学工作。因此，在进行教学工作之前一定要制订系统科学的教学计划方案。在制订教学计划文件时，每个运动项目、每次课、每学期的内容和教法，都应前后衔接，逐步提高。教学计划中内容的安排对教学工作的实施效果具有至关重要的作用。因此，教学计划的制订既要考虑该运动项目由易到难、由简到繁的顺序，又要考虑与其他运动项目之间的关系。项目的安排应遵循循序渐进的原则，以保证前一个项目的学习有利于后一个项目的学习。

（2）不断提高学生生理负荷。学生的生理负荷可以通过波浪式、有节奏地逐步提高，因为机体需要一定时间的适应，课程交替有节奏地安排，合理地利用超量恢复是生理负荷提高的有效措施。

（3）教师要始终不断地提高自身的文化素养，深刻了解学生身心发展的一般规律和特点，了解各项教材的系统性，以及各项教材之间的关系。

（四）专项教学原则

1. 基本依据

体育教学内容丰富，种类多样，不同内容的体育教学对学生的要求是不同的，因此，教师应结合体育教学项目的特点和规律开展体育教学，在促进学生基本身体素质提高的基础上，发展运动专项能力，提高运动水平。

2. 基本要求

体育教学专项教学原则要求体育教师应重视学生专门性知觉的优先发展。体育运动通常是在具体的运动环境中进行的，以篮球为例，篮球运动围绕篮球、篮球场地以及场地上的器材进行，在运动过程中，学生对环境和器材的感知是专门性知觉发展的过程，其中手指、手腕对球的控制能力对篮球教学至关重要。因此，教师应重视学生对球控制能力的优先发展。

（五）巩固提高原则

1. 基本依据

根据遗忘规律和运动条件反射建立与消退的理论，学生学到的知识与技能在一段时间内如不经常复习就会遗忘或消退。另外，根据"用进废退"原理，学生对所学习运动技能进行反复练习时，有助于提高运动能力、身体素质和生理机能，起到强身健体的作用。因此，要注意巩固提高所学到的知识和运动技能。"学习如逆水行舟，不进则退""温故而知新"这些关于学习的语句充分揭示了学习中巩固提高的重要性。体育教学多为身体的练习，一般来讲，如果这种练习不能得到巩固，就会随着时间的延长而消退，因此在体育教学中遵循巩固提高原则是十分必要的。

2. 基本要求

（1）在体育教学中，教师应合理安排训练计划。让学生进行反复强化的练习，增加练习的密度，不断巩固运动条件反射，使其获得进一步的巩固和提高。制订合理的训练计划，让机体在巩固提高的过程中避免出现过度疲劳的情况。

（2）体育教师应重视良好、正确的体育教学方法和训练方法的选择。在教学中，可通过改变教学方式或者改变练习条件来达到巩固提高所学技能的目的。

（3）增加运动密度和动作重复的次数，反复强化，不断巩固运动条件反射，提高技术水平、身体素质和体育能力。

（4）教师要给学生布置适量的课外体育作业或家庭体育作业，将课内课外结合起来。

（5）不断提出新的学习目标，培养学生进行体育运动的兴趣。

（六）因材施教原则

1. 基本依据

学生作为体育教学的主体，他们具有较为相似的共性与特性。共性体现在身体发育的稳定性和普遍性，特性则是每位学生受性别、遗传、生长环境、教育水平、认识能力等因素的影响，彼此之间存在差异，身心发展体现出很大区别，具体到学生具备的体育运动能力，差异性就可能更加明显。如有些学生的家长喜爱运动，所以从小就培养孩子参与体育运动或参加业余体育训练，这样孩子的运动水平就可能超越同年龄段的孩子的平均水平。因此，体育教学应重视不同学生及学生不同阶段的差异，要因材施教。

2. 基本要求

（1）引导学生正确对待个体上的差异。差异的存在，如果利用得当，是一个鼓励学生互相帮助、培养团队意识和集体精神的好办法。学生之间的运动天赋和对体育的了解各有不同，要在体育教学中贯彻个体差异性的原则，教师应在自己充分了解学生个体差异性的基础上，向学生讲解个体差异的存在，并引导学生正确看待这种差异。差异是客观存在的，然而这却不能成为歧视天赋较差的学生的理由，同时教师也不能过分偏爱天赋较好的学生。

（2）深入细致地研究和了解学生之间的差异。一方面，教师要对学生个体的差异进行全面了解，这是贯彻个体差异原则的前提条件。为此，教师可以在学期开始前进行一些测试或座谈交流，弄清不同学生在身体条件、兴趣爱好和运动技能等方面的差异。另一方面，教师应认识到学生个体差异并不是一成不变的，如有些学生在一开始的测评中被认为没有很好的运动天赋，但是其本人非常热爱体育运动，在平时的课堂上也积极配合教师完成各项教学内容，他就会进步很快。教师要有长远的眼光，要能发现不同学生在运动方面的天赋。

（3）丰富教学实践，选择适当的教学方法。在体育教学中，有些项目是不能根据"等质分组"的原理来处理针对性教学的问题。因此，教师面对这种情况就要运用其他方法来对待个体差异，如安排"绕竿跑""定点投篮"等教学方法。这些项目的设立是为了给那些在某些项目中没有任何特长的学生提供机会，让他们依旧对体育有兴趣，而不是因为参与某项运动的成绩太差就觉得自己是体育课堂的"局外人"。体育教师应让每一个学生都能参与到体育教学活动中来，体验运动的快乐。

（4）重视学生个体差异性与要求的统一。在体育教学中，提高全体学生的综合素质是每个教师的目标，因此在制定教学目标时，教师要考虑到目标的可行性，要满足大部分学生的需求。学生的个体差异是客观存在的，教师应在教学中充分重视这一点，但是体育教师也要立足于整个班级的教学情况，对学生统一要求。

（七）终身体育原则

1. 基本依据

通过体育教学长久地影响学生一生对运动健身重要性的理解，并身体力行地参与其中是体育教学的最终目的，这也是新《体育（与健康）课程标准》对当前体育教学的基本要求。因此，培养学生终身体育思想，促进学生终身体育习惯的养成是体育教学应遵循的基本原则之一。

2. 基本要求

（1）教学中教师要善于发现学生的体育爱好与技术特长，并加以引导培养，以此来激发学生对体育运动的兴趣，使其树立终身体育意识，养成体育锻炼的习惯。

（2）体育教师不仅要重视教学成果，还要考虑体育教学的长期效益，这与体育教育总体目标的要求是一致的。

（八）安全教学原则

1. 基本依据

体育教学除了有理论课需要在室内完成外，其他的实践部分的教学几乎都需要在特定的体育场馆、场地通过专业的运动器材来开展。教学环境和条件的变化外加体育运动本身的风险性，这些都使体育教学带有一些安全隐患，这是非常正常的。但是，想方设法地探寻尽量减少和避免意外伤害发生的方法还是必要的，这也是体育教学得以正常开展的基本保障。

2. 基本要求

（1）加强对学生进行安全意识教育。学生是体育教学的主体之一，是教学活动的重要参与者。绝大多数在体育教学过程中发生意外事故的对象是学生，然而其中大多数事故都是由于学生的安全意识不足或疏忽大意导致的。鉴于这一情况，在秉承安全教学原则之下不仅需要体育教师的严谨和全面的考虑，还要加强学生安全意识的培养。为此，体育教师在日常的体育教学中要不断向学生灌输安全意识，每节课前也要做好安全训导。在体育课堂中严格按照教师的要求去做，注意课堂纪律，参与体育活动要量力而行。

经过长期体育教学实践之后，要对出现的或预想的各种安全隐患考虑到位，然后对这些隐患作出相应的处理预案。当这种准备做得较为充分后，一旦在教学中出现事故，就可以在最短的时间内做出最有效的应急处理措施，以期将体育教学中的风险降至最低。

完善的制度始终是教学的基本保障，对于体育教学来说更是如此。另外，体育教学通常要使用特定的场地和运动器材，对这些场地进行精心保养，对器材的选择精益求精，也是保障体育教学安全可靠的重要环节。就体育场地来说，经常在坚硬的石灰篮球场上开展篮球教学显然会对学生的膝关节和脚踝造成伤害；在黄土足球场上开展足球教学，学生在跌倒后更易造成挫伤和擦伤。当然，并非每所学校都有能力建造条件良好的体育场地，如果没有，也应以保障学生身体健康为前提，对体育教学的强度作适当调整。

二、体育教学的规律

（一）体育运动的认知规律

体育学科具有独特的运动认知体系，因此，在体育教学中也要遵循体育知识学习和运动认知的规律。体育教学中的运动认知过程具体如下。

（1）广泛进行感性认知，形成感性基础。

（2）进行理性的概括，形成理性认知。

（3）将理性的认知应用到各种运动情境中去。

具体来说，体育的运动认知体系是一种"身体-动觉智力"，通过体育教学，可以不断提高学生对物体、时间、空间、距离、重量、力量、方位、平衡、高度等予以识别和控制的能力。在体育活动中，其表现为学生能对体育运动做出恰当的身体反应，具有控制身体运动、操纵物体、使体脑协调工作的能力。对此，体育教师在体育教学中应重视培养学生的空间感知能力和对方向的判别能力，培养学生对器械的感知能力，不断提高学生的运动认知能力。

（二）运动技能形成规律

让学生学会和掌握一定的运动技能是体育教学目标之一，而运动技能的形成要经历一个由不会到会、由不熟练到熟练、由不巩固到巩固的过程。体育教学安排不可能明显地体现和准确地划分出动作技能掌握的这三个阶段，但从一个掌握动作技能的长链结构上看，仍然是要遵循运动技能形成规律的。

（三）运动负荷变化与控制规律

体育教学追求的并不仅仅是对学生进行生理负荷和生物性改造，还有其他方面的教育意义（如传承体育文化、美育意义等）。因此，在体育教学过程中既要合理利用生理负荷，又要合理控制生理负荷，这就是体育教学运动负荷变化与控制的规律。

根据人体生理机能活动能力变化的规律，在体育教学过程中学生承受运动负荷的规律也与此相适应。在人体机能活动最强的时段安排较大的负荷，在人体机能活动上升和下降阶段要控制运动负荷，这是一个基本规律。运动负荷的安排要与机能变化的三个阶段相匹配。

（1）热身和逐渐加强运动负荷的阶段。结合学生个体情况合理、有序地逐渐增加运动负荷。

（2）根据教学的需要调整和控制运动负荷的阶段。学生承受运动负荷的大小在不同阶段会有所差异，因此要根据现实情况酌情考虑，要及时调整和控制。

（3）恢复和逐渐降低运动负荷的阶段，直至学生恢复到运动前水平。

（四）体验运动乐趣的规律

在体育教学中，让学生不断体验运动的乐趣是培养学生体育兴趣、形成运动爱好和专长的首要条件，也是学生掌握运动技能、强身健体的重要前提，更是体育教学过程中教师自始至终要把握的客观规律。

学生在体育学习过程中的乐趣体验具体如下。

（1）学生在自己原有的运动技能水平上充分的运动从而体验运动乐趣。

（2）学生向新的运动技能水平挑战从而体验运动乐趣。

（3）学生在运动技能习得以后进行技战术创新从而体验探究和创新乐趣。

第四节　体育教学研究的相关理论

要想对体育教学进行研究，首先要对其理论基础进行研究。从目前来看，体育教学研究的理论基础主要由"一元论"、"二分法"、认知学习理论及观察学习理论四部分构成。

一、"一元论"

"一元论"的创始人为18世纪德国著名的数学家、物理学家、唯心主义哲学家沃尔夫。

世界只有唯一一个本原，这是"一元论"所主张的哲学学说，这一主张是与"二元论"及"多元论"相对而言的。"二元论"主张世界的本源有两个，即精神与物质，同样，"多元论"主张世界的本源除了物质与精神之外，还有空气、水等。

"一元论"强调的是，物质是根本存在的，是处于第一位的，而精神是第二位的。精神随物质存在而存在，一旦物质消失，精神也就随之消失。

"一元论"可以分为唯物主义"一元论"和唯心主义"一元论"。唯物主义"一元论"强调世界的本原是物质的，唯心主义"一元论"则强调世界的本原是精神的。

严格意义上讲，唯物主义"一元论"是不彻底的，主要是因为在以前还没有马克思主义学说的时候，所有主张唯物主义的人的社会历史观，从本质上讲都是唯心主义的。马克思主义产生后，才坚持了彻底完整的唯物主义"一元论"，它的坚持反映在自然观与社会历史观上。因此，只有马克思主义哲学才从本质上坚持了唯物主义"一元论"。

二、"二分法"

在谈论"二分法"之前，首先需要明确"分类"与"划分"两个概念。在一般的用法时常有人会把两者混为一谈，实际上这是不准确的。为了日后研究的准确性，这里要严格区别二者的概念。

分类有两种解释：首先，按照种类、等级或性质分别归类，如把邮件分类。其次，把无规律的事物分为有规律的。按照不同的特点分类事物，使事物更有规律。从上述分类的两个解释来看，可以大致把分类当作归类理解。归类指的是把个体对象按照共同的特征归为一类，并把具有共同特征的集合成类。分类的着手点是比较并概括个体之间、类之间的相同点与不同点。因此，对分类来说，归纳和类比的意义重大。

划分通常就是区分的意思，也可以说对一个整体进行划分，分为若干部分。传统逻辑向外延伸了划分的概念，延伸为将一个类分为若干子类。

总体来讲，分类是从种到属，而划分则是从属到种，二者方向相反，但又相辅相成。要划分准确，就应该严格遵守以下规则。

（1）各个子项之间没有相同的分子，也就是说各个子项之间不兼容。

（2）每个子项都包含其母项中的某一个分子。

（3）每次进行划分时，划分的根据不能改变。

（4）不可以进行越级划分。

综上所述，从划分的原则来看，"两分法"是比较科学的划分方式，它基本遵循了划分的规律与原则。

三、认知学习理论

（一）认知学习理论发展历程

认知学习理论是对人的学习规律进行探索的学习理论，格式塔心理学的"顿悟说"是认知学习理论的发端，"顿悟说"是早期认知理论的代表学派。然而，到了二十世纪六七十年代才真正形成了认知学习理论。认知学习理论是现代社会发展的产物，这是从认知学习理论产生的社会背景来说的。

二十世纪三四十年代，对于心理学的研究更多的只是在实验室中进行。当时在学习领域中，几乎都被行为主义的研究模式所占据。而且研究时，只是研究人与动物的外部行为，对人的心理几乎没有研究。但是，二十世纪四十年代之后，人的认知和决策与当时的时代发展相比已经明显落伍了，再加上这一时期第二次世界大战爆发，战争中大量的现实问题开始出现，这些问题要求人的认知与决策水平要有所提高。

第二次世界大战结束后，人类社会再一次获得了跨越式的发展，其主要标志就是信息革命。新时代要求人们加强研究与选择信息、存储、提取与使用信息等，这些更高要求的社会需要对认知学习理论的产生与兴起具有直接的刺激作用。

认知学习理论也可以看作是心理学与相关学科相互影响的产物，这是从其产生的科学技术背景来看的。认知学习理论的兴起与价值取向直接受到信息论、控制论以及语言学发展与计算机科学的影响，这些学科会从很大程度上对学习理论的一些观点造成影响。例如，很多学习研究者从行为主义向认知主义转变，这多是受到乔姆斯基（美国语言学家）的影响。斯金纳（新行为主义的代表人物）在撰写《言语学习》后，乔姆斯基对此提出批评，他强调的是，要对人的认知过程以及语言先天性与生成性进行深入研究。

　　心理学自身发展也可以促使认知学习理论的形成，以往几十年的学习理论发生了重大改变。前半个世纪，以行为主义为基础原则有关学习的界定占主导地位，这一界定认为，学习是明显的行为改变的结果，是能够由选择性强化形成的。所以，两个重要的学习因素是环境和条件，学习可以与行为的结果相等同，但是这一观点违背了事实。例如，布鲁纳（美国认知心理学家）认为，在学习中，必须要考虑现在的学习过程如何受到之前认知结构的影响。因为研究行为主义学习理论只考虑行为，没有对人的意识问题加以强调，因此很多心理学家对此表示不满，他们开始把对行为主义的研究转向人的心理研究，这对认知学习理论的发展具有重要的作用。

（二）认知学习理论主要观点

　　认知学习理论的主要观点有如下几点。

　　（1）学习的主体是人，人要主动学习。

　　（2）感知、注意、记忆、理解与解决问题的交换信息的过程是人类获取信息的过程。

　　（3）人们感知、注意与理解外界信息时表现出一定的选择性，学习效果决定学习质量。

（三）认知学习理论代表学派

1. 格式塔学派

　　认知学习理论的萌芽与发展直接受到格式塔学派观点的影响，苛勒、韦特海墨以及考夫卡等都是格式塔学派的代表人物，格式塔学派有以下几个基本观点。

（1）学习就是重组知觉或认知（通过学习行为，记忆保留在大脑中，随着学习经验的不断丰富而逐渐把记忆留在神经系统中）。

（2）人们不会忘记通过真正的学习行为而获得的记忆（顿悟学习的内容保留在长时记忆中，久久不能遗忘）。

（3）顿悟学习有利于避免不必要的失误，同时对学习迁移也是有利的（对事物的本质加以深入把握是顿悟学习的核心，顿悟学习不必对一些不重要的细节耗费时间）。

（4）顿悟学习倡导创新。

（5）顿悟说批判尝试错误说，与之对立。

（6）顿悟学习自身带有奖励的性质（当人们无法用顿悟来理解学习时，也可以对外部奖励进行合理利用）。

2. 现代认知学习理论

（1）累积学习说——加涅

加涅认为，学习行为可以看作一个过程、一个链条，即：预期（动机阶段）—感知（了解阶段）—编码、储存（获得阶段）—记忆（保持阶段）—检索（回忆阶段）—迁移（概括阶段）—反应（作业阶段）—强化（反馈阶段）这样一条链条。

（2）认知发现说——布鲁纳

布鲁纳认为，主动形成认知结构是学习的实质，他认为人的主观能动性和已有经验的作用十分重要，并且很注重学习的内因，鼓励发展学生的思维，提倡知识的发现学习。

（3）认知同化说——奥苏贝尔

奥苏贝尔的认知同化说又称"认知—接受"，或者"有意义学习理论"，这一理论独具特色。奥苏贝尔认为，已有的认知结构是学习新知识的基础。

四、观察学习理论

观察学习又称作"模仿学习"，还可称为"替代学习"，人们只要对榜样的行为进行观察就能学会某种行为就是所谓的观察学习。在班杜拉（美国，当代著名心理学家）看来，人类不必是行为的直接实施者，不必是行为的亲身体验与强化者，也能形成一切社会学行为，其主要方法是在社会环境的影响下，观察并学习他人或榜样的示范行为及其结果，便可提高学习效率。

班杜拉有这样一种观点：人或物是否能成为榜样或示范者，就看其是否可以成为学习者观察的对象。如果可以，其就是榜样或示范者，否则不是。这里的榜样与示范者并不局限于人，也可以是事物或动物等，还可以是虚拟中的人，如电视剧中的人、小说中的人等。

所谓的榜样通常有以下三种表现形式。

（1）现实生活中的人，最好是自己周边认识的人。

（2）以语言描绘或形象化方式表现某个带有典型特点的榜样，即诫例性榜样。

（3）通过语言或影视图像而呈现的榜样，即符号榜样。

班杜拉把观察学习划分为三种类型，这是以观察学习者的不同观察学习水平为依据划分的：第一种，直接观察学习，即学习者对示范行为简单的模仿；第二种，抽象性观察学习，即学习者从示范者的行为中获得一定的行为规则或原理；第三种，创造性观察学习，即学习者从不同示范行为中抽取不同的行为特点，并形成了一种新的行为方式。

在班杜拉看来，观察学习具体包括四个过程，即注意、保持、运动再现和动机。榜样的条件会影响观察学习者的学习行为，因为学习者只有通过对榜样的示范行为加以留心，才能够进行观察学习。为此对于榜样的要求就很高，若想起到很好的示范效果，需要具备以下五个基本条件。

（1）示范行为要具备实施的可能性，保证观察学习者有能力做到。

（2）示范行为要与观察学习者的年龄相符，使其容易理解。

（3）示范行为要突出重点，生动有趣，以激发观察者的学习兴趣。

（4）示范行为要可以信赖，使观察者认为所学习的内容是专门为自己准备的，而没有其他的目的。

第二章　体育教学改革探究

当前，随着我国学校教育改革不断深入，体育教学改革也在逐步开展。本章为体育教学改革探究，主要围绕体育教学改革的理论与成果、体育教学改革的发展历程、体育教学改革的发展动态三个方面展开论述。

第一节　体育教学改革的理论与成果

一、体育教学改革的理论

与学校教育改革一样，体育教学改革也要一定的理论基础上进行，其中人本主义理论、动机激发理论、动作技能形成原理、组织方式创新理论都是重要的理论基础。

（一）人本主义理论

1. 人本主义理论概述

在人本主义的主要理论中，罗杰斯的有意义学习理论、马斯洛的需要层次理论以及自我实现理论最为著名，下面对其进行重点研究与分析。

（1）罗杰斯的有意义学习理论

罗杰斯是人本主义理论的主要代表人物之一。1969 年，罗杰斯出版了《学习的自由》，书中首次对有意义学习理论进行了阐述。有意义学习理论认为，仅仅是促进知识增长的学习还不能够称作有意义学习，有意义学习必须是融合学习者各部分经验的学习，精神集中、自觉学习、客观评价自己以及综合发展是有意义学习的几个主要特点。只有自由学习，才有利于产生有意义学习。人们天生就具有学习的潜质与能力，一般来说，真正有意义的学习具备三个条件：学习的内容本身具有意义；个体的学习目标与学习内容密切相关；个体参与学习的态度是积极主动的。只有同时具备了这三个条件，才算是真正有意义的学习。

除此之外，罗杰斯还主张为学习者构建舒适的外部学习环境，尽量不影响个体的学习行为，师生关系要融洽、和谐，教师要对学习个体表示充分理解，要懂得维护个体的学习形象，使学习者逐渐减少对教师的防御意识。学习者也要提高自身学习的积极主动性，教师要指导学习个体的正确学习，提高学习者对客观世界的适应能力。罗杰斯的这些主张都是为了促进有意义学习的出现。

罗杰斯还强调，促进学生的健康成长是教育的主要目标，教育就是要指导学生怎样学习，要想办法提高学生对外界环境的适应能力，帮助学生发展成为全面进步又有个性的人。总的来说，将学生培养成为完整的人就是教育的总目标，重点要从知识、认识能力以及情感意志等几方面进行着重培养。

（2）马斯洛的需要层次理论

马斯洛是需要层次理论的创立者，在马斯洛看来，人类得以生存并不断发展的内部驱动力就是动机，而产生动机的基础与源泉就是人的需要，所以人的需要是其行为表现的心理驱动力。他还认为，人类固有的天性中就包含了"需要"这一心理特征。人的需要不能被限制，更不能被消除。马斯洛把人的需要分为两部分，即生存需要与成长需要。

生存需要是人类层次较低的基本需求，主要包括生理需要、安全需要、归属与爱的需要、尊重的需要四种需要。生存需要主要是对人基本心理需求与生理需求的平衡关系进行维持。成长需要是人类层次较高的需求，主要包括认识需要、审美需要以及自我实现需要。

人的需要就像金字塔，人在成长与发展的过程中，倘若没有满足其低层次的需要，层次较高的需要也就难以满足。因此，马斯洛认为，低层次需要的满足是满足高层次需要的必要条件，这就是马斯诺的需要层次理论。

（3）马斯洛的自我实现理论

自我实现理论主要是由马斯洛倡导的。在马斯洛看来，自我实现是人性完满的表现，它充分展现了人的协作、审美、团结、求知以及创造等潜能，主要实现的是人的个性。马斯洛把自我实现描述为"充分利用和开发天资、能力和潜能等。这样的人似乎在竭尽所能，使自己趋于完善"。自我实现强调实现的是人的本性，通过实现本性，人们可以体验到很强的快感。这种体验能够使人心情愉悦，甚至能够促进人格的改变。马斯洛认为，自我实现能够使人们的性格更加成熟与丰富，因此，在教育中自我实现理论的意义重大。马斯洛还认为，快感的体验比人们想象中要多。不但健康人会通过实现自我体验快感，而且非健康人也会有这种体验。实际中，差不多人人都有这种高峰体验，只是有时候人们认识不到或难以接受。

从实质上来说，教育的职能和目标就是帮助人们实现自我价值，促进其人性的形成与丰满，引导其达到最佳状态。具体而言，就是通过教育，促进个体学习动机的激发，促进个体潜能的充分发挥，引导其进行自我教育，最终达到实现自我价值的目的。

2. 人本主义的主要观点

经过一段时间的发展，人本主义理论得到了迅速发展，其影响力日益扩大。人本主义理论是行为主义的对立面。行为主义把人与动物等同，对人本性的发展不重视也不关心。人本主义批评认知心理学，认为认知心理学对人的认知结构比较关心，却把人类的智力、目的、兴趣等方面的经验忽略了，这严重影响了人的学习。人本主义理论强调心理学要对人的整体进行研究，而不是只研究单独的一面。总体而言，人本主义理论主要有以下观点。

（1）教育观

人本主义的教育观主要有以下几个方面。

① 人本主义的教育观强调引导人们怎样做人、怎样成长。强调充分发挥人的作用，鼓励人们实现自我价值。

② 主张融合情感教育与智力教育，积极开展内在学习。

③ 主张充分重视学生的学习主体地位，强调学习中以学生为中心，勇于发扬自由学习的精神，提高创新学习的能力。

④ 主张改革与创新教学课程，要把个体教学重视起来。

⑤ 主张教学是师生互动的双边活动，鼓励教师发挥自己的主观能动性去

教学，学生增强主动学习的意识与能力。

（2）管理观

人本主义管理观强调对人的管理，这主要表现在两个方面：第一，人是管理的主体；第二，虽然人和物都是管理的对象，但是对人的管理决定了对物的管理，所以实质上对人和对物的管理都是在管理人，因此管理对象也主要是人的问题。以人为中心、对人表示尊重、促进人的发展、依靠人来管理是对人本主义管理观内涵的概括。因此，人本主义管理理论非常注重人的作用，一切管理活动都需要人参与。

（3）有关人性的哲学观

人本主义有关人性的哲学观认为，人天生就有潜力，人性本善，人是伟大的，人在生活中应该享受快乐，人要将自己的命运掌握在自己手里，人要维护自身的尊严，要实现自己的价值，人要不断发展直至实现自我；人要善于创造，要充分发挥自己的积极主动性。在马斯洛看来，人逐步完善自我，实现自我价值是发挥其本性与潜力的主观要求。

3. 人本主义的主要特点

总体而言，人本主义理论的特点主要表现在以下几个方面。

（1）人本主义主张实现自我价值，强调真实自我的实现。

（2）人们向好的方向不断变化与发展主要是受自身渴望自我价值实现的内在推动。

（3）人本主义理论具有先天倾向性、存在性以及整体性。

4. 人本主义理论与体育教学改革

在体育教学中，人本主义理论教学观更加强调教学中学生兴趣、学习动机的培养，注重对学生心理世界的了解，以顺应学生的兴趣、需要、经验以及个性差异，达到开发学生潜能、激发起其认知与情感的相互作用，重视创造能力、认知、动机、情感等心理方面对行为的制约作用[①]。

在体育教学改革与发展的过程中，要充分体现人本主义观念，充分发挥人的作用，要充分满足学生的学习兴趣，实施分层教学，具体要以学生运动

[①] 邵斌，顾红，柏慧敏，等. 大学公共体育专业化教学改革理论与实践［M］. 上海：上海大学出版社，2015.

技术能力的个体差异为依据，鼓励学生坚持学习自己感兴趣的体育课程，对学生的体育潜能不断挖掘，鼓励其充分发挥自己的特长，不断提高自己的专项运动水平，并在此基础上继续突破与发展，提高自身的综合素质。

（二）动机激发理论

1. 动机激发理论概述

（1）经验兴趣论

以经验兴趣论为依据，要培养学生积极主动参与学习的能力，就必须要对学生提高自身积极性与学习能力、加强自身与社会联系的基本需求给予满足，支持与满足学生的需求是其产生学习兴趣和动机必须具备的心理状态。兴趣的形成与发展来自经验，在任务完成的过程中，个体是否满足自身需求，以及自身需求的满足程度都会决定兴趣是否会产生。

一般来说，促进学生体育学习兴趣产生的个体的需求具体表现在以下三个方面。

① 对积极主动性的需求。人们渴望自己是独立行为的主体，并渴望对自身行为可以自由作出决定，这就是所谓的积极主动性的需求。在体育教学活动中，个体自身具备的能力会影响到自身的自主需求，但是自由指的是人们希望自己的行为是不受控制的，自己完成任务时可以使用自己想要的方式来完成，自己对知识和能力的获取是独立的，或者自己可以要求别人帮助。

② 对能力的需求。个体能够对眼前的或未来的要求加以满足，任务的完成和问题的解决完全能够依靠自身的力量，这就是所谓的对能力的需求。对能力的需求反映出个体充分信任自身的学习能力及发展能力。

③ 对社会联系的需求。个人对社会联系的需求是积极的需求，主要是由于只有以与周围的人群观念统一化为基础，才能获得社会认同。个体与周围人群行为的统一推动着个人情感、动机以及兴趣的发展。具体来说，兴趣具有以下两个方面的重要特性。

第一，稳定性特点。兴趣的稳定性是指个体在一段时间内会对一些固定的事物感兴趣，在兴趣的稳定性方面，每个人的表现都会不同。有些学生的兴趣比较稳定，有些学生兴趣不一，随时变换。倘若学生的兴趣比较稳定并且保持时间较长，就会对学生的学习和生活产生积极影响。就会产生积极的内部动机，这对提高学生学习的兴趣十分有利。

第二，倾向性特点。兴趣的倾向性指的是个体产生兴趣的对象是什么，其他兴趣品质的形成以兴趣的倾向性为基础。学生的兴趣既能够倾向物质，又能够倾向精神。不同的学生表现出具有差异性的兴趣倾向。例如，一些学生喜欢画画，一些学生只是对自身利益产生影响的事物感兴趣等。对体育运动来说，一些学生对篮球运动感兴趣，一些学生对网球运动感兴趣，还有些学生对传统体育运动项目感兴趣。

（2）成就需求论

成就需求就是个体对成就的需要。个体对成就的需要具体表现在个体希望可以找到一份良好的、适合自己的工作，然后以这项工作为事业，并通过工作的完成来追求事业的成功。渴望有所成就的个体，当实现目标时就会感到满足，并会更加积极地投入到工作之中。

成就需求很高的人来担任管理人员，有利于促进整体效率的提高。通常情况下，成就需求很高的人在工作中表现出如下几个特征。

第一，如果工作独立，富于挑战性，这类人就会感动无比快乐。

第二，成就需求很高的人能够独立完成难度较为适中的工作。

第三，对成就有需要的人，其成就感可以通过正面评价、增加工资、职位晋升或别的方式来充分反映出来。

对有高成就需要的人来说，他们在做出一些行为后，如果成功了就会在感情上得到平衡，精神上感到满足。所以，只要他们对工作的高成就需要得到满足，他们就会成为工作环境中的核心力量。相反，如果他们的高成就需要被抑制，再多的物质保障也不会激发他们工作的热情。

成就动机是指一个人力求实现有价值的目标，以便获得新的发展或地位或赞扬的一种内在推动力量。对成就动机的相关研究反映出，学生有着越强的成就动机，其就有越高的学习热情与积极性。心理学家指出，如果学生的成就动机很强，他们就会更加主动地投入到学习中。

2. 动机激发理论与体育教学改革

学校体育教学改革重点强调的是，让学生在3～4年内集中对一个专项体育项目进行学习。高校体育教学改革就是要及时发现与培养学生在体育运动中某一项目上的潜在能力，并且使学生长期学习这一项目，以促进学生专项技术能力的提高。

（三）动作技能形成原理

1. 动机技能形成原理概述

（1）动作技能的概念与特点

动作技能是一种经过学习获得的，以速度快、动作准、连贯、流畅的身体运动为具体表现的活动方式。从动作技能的这个界定来看，我们要严格区分动作技能与条件反射下形成的动作。例如，在人的听觉器官上出现超出其所能承受分贝的声音时，他就会快速做出捂耳朵的动作，这个动作不是通过学习获得的，因此不是动作技能。

一般来说，运动者的动作技能具有以下三个特点。

第一，完整性特点。学生在学习技术动作的过程中，要按照教师的指导进行练习，不能随意将动作合并，也不能省略其中某一个动作，所以动作在结构上表现出完整性的特征。

第二，直观性特点。从动作技能的操作上来看，要通过外部直观的身体活动来完成动作技能，这就是动作技能直观性的表现。例如，学生在做广播体操时，做得是否规范与整齐，很容易通过直观观察获知。

第三，物质性特点。在体育运动中，一系列连贯的单一动作共同构成动作技能的整体运动方式，动作是通过学生对动作对象施加影响而来的，是构成整个活动方式的单位。从动作技能的对象来看，身体或物质性客体是动作技能的主要对象。因此，动作技能也表现出重要的物质性特征。

（2）影响动作技能形成的因素

动作技能的形成需要个体具备一定的生理机制与心理机制，个体在这一前提条件下通过运动来形成动作技能。个体所具备的生理机制与心理机制就是所谓的运动素质，运动素质表现的是个体的一种潜在能力倾向。运动素质对个体技能形成的好坏以及快慢具有决定性作用。对于学生而言，学生在学习技术动作的过程中，影响其动作技能形成的因素主要有以下几个方面。

第一，身体素质水平。从动作技能完成的过程来看，肢体的运动是个体完成一定运动任务的前提条件。所以，运动素质中，个体的身体素质是其中重要的部分。相关研究与调查表明，动作技能的形成与个体的身体素质之间有着非常密切的关系。例如，学生学习跑、跳、投等技能，他的身体力量素质在其中起到重要的作用。

第二，智力水平。学生的智力发展水平也在一定程度上对学生动作技能的形成产生重要的影响。个体智力发展水平与运动技能形成的关系被一些专家用运动智商来说明，也就是说，在对运动员进行智力测验后，其测试的分数越高，那么其学习动作技能的速度与效率也就越高。

第三，加工信息的能力水平。在操作活动过程中，个体加工信息的快慢与好坏会在一定程度上决定个体对运动任务完成的快慢与好坏。因此，对动作技能形成造成影响的主要因素中就包括个体加工信息的能力水平。

第四，心理－运动能力。在进行运动任务设计的过程中，个体要做一系列的动作来控制身体，身体也会相应做出一些反应动作。所以，"心理－运动能力"是动作技能的重要内容之一，"心理－运动能力"在一定程度上对个体运动反应的快慢和准确程度具有决定性作用。

（3）动作技能形成的过程

一般来说，个体掌握任何运动技能，都会经过一个"泛化时期－分化时期－自动化时期"的变化过程。

第一，泛化时期。学生在学习某个技术动作时，要在头脑中浮现出这种动作技能的组成环节，并且动作映像要在大脑中形成，而且要使得在大脑中形成的动作映像能够引导个体对动作技能的练习，这就是泛化时期。

学生在动作技能泛化时期要注意对教师所做的示范动作仔细观察，明确组成该动作技能的各个动作之间的关系。换言之，在这个时期学生要把"做什么"和"怎么做"的问题解决好，这就是泛化时期的主要任务。

第二，分化时期，分化时期可以分为以下两个阶段。

其一，对局部动作进行学习与掌握阶段。学生在开始练习动作技能时，受本身学习能力的影响，只能在单个的动作上集中注意力，对动作的细节还不能够很好的控制。与此同时，在以往的学习与生活中，一些习惯动作在学生的大脑中已经形成，要学习的动作技能往往与之前形成的习惯性动作有所差别。所以，学生在没有掌握新的动作技能之前，如果不在个别动作上集中注意力，就会容易在学习新动作的过程中受到之前习惯动作的干扰。由此可以看出，学生在掌握局部动作之前，其会表现出这样的行为特征：慌张、顽固、四肢不灵活，经常出现不必要的动作和错误的动作。

其二，对完整动作初步进行学习与掌握阶段。对局部动作进行学习与掌握阶段结束之后，学生对动作技能的一些局部动作已经有所掌握，这时自然就进入到对完整动作初步进行学习与掌握阶段。学生对局部动作进行掌握之后，就要结合组成动作技能的单个动作，促使连贯动作的形成与掌握。然而，学生经常会把单个动作之间的关系忘记或忽略，他们在转换动作的时候，就会不自觉地表现出停顿与拖延。学生是交替完成协同动作的，也就是说先集中精力完成一个动作，再集中精力完成另一个动作，如此反复进行。这个时候，学生的注意力开始从认知向动作转化，从个别动作开始向动作组织与协调转化，学生在不断增加练习的时间与次数之后，就会加快交替动作的速度，从而逐步增加动作技能结构的层次。如此循环往复，整体的动作系统就大致形成了，也就差不多形成了动作技能。这个时候，学生已经降低了完成动作时的紧张感，但是紧张感依然存在，如果注意力不集中，一些错误动作就会出现。但总体而言，错误动作没有了，学生自我调整能力也得到了增强。

第三，自动化时期。自动化时期是技能形成过程的最后一个时期，这个时期，学生掌握的组成动作技能的每个动作已经形成了有机的整体，各个动作也基本稳定了，一旦有一个开始信号出现，学生就可以快速准确地完成整个动作。

2. 动机技能形成原理与体育教学改革

由运动技能的形成原理可知，足够的练习时间是学生掌握1～2项运动技能的基础保障条件。因此，高校体育选修课教学改革以学期为一个周期、再另外选择一个体育项目的模式进行了改革与突破，鼓励学生在大学一年级和二年级进行运动技能练习，这样练习的时间和次数就有了足够的保证，学生对运动技能掌握的熟练度也就增加了。

（四）组织方式创新理论

1. 组织方式创新理论概述

在现代社会中，人们通过对不同组织的利用来收集资源，进行一系列的社会活动，可以说，组织存在于人们的社会活动之中。因此，研究组织社会学，能够有效促进组织活动效益的提高，有利于对组织中的人际关系进行正确的理解和处理，使人的作用得到更好的发挥，对社会现代化也有很好的促进作用。组织社会学的研究客体是社会组织，社会组织是一种协作系统，这个系统具有特定的目标，促成这个系统的主体是个人或群体，他们是相互作用的关系。

2. 组织方式创新理论与体育教学改革

受传统思想观念和传统教育模式的影响，在学校体育教学中，学生的专项技能水平高低不一，学校的组织机构僵化，主要组织形式与运行机制是班级，同一班级中学生的兴趣不同、基础运动水平不同，却要同时上同一节课，这些现象都是不合理的，体育教学改革对这些不合理的现象进行了改革与突破。

经过新一轮的体育教学改革，趣缘群体是高校体育教学改革后出现的一种新型的组织团体。学生由于爱好、兴趣、理想相同或相似结合而成的群体就是所谓的趣缘群体。趣缘群体是高校体育教育改革的重要产物，也反映出学生对美好校园生活的追求。

在体育教学中，兴趣对于学生而言具有非常重要的作用，它对高校体育教学改革也具有重要的导向作用。体育教学改革旨在使学生长久的学习与练习一个体育项目，力争在学校期间能够发展一项运动专长，并且取得较高的技能水平。通过发展特长还可以促进学生体育爱好的发展，促进学生综合素质的提高。

二、体育教学改革的成果

对于现代体育教学而言，其改革与创新的主要一项研究成果就是体育有效教学。

（一）体育有效教学

体育有效教学是指根据体育教学目标、体育教学思想、体育教学方式、方法和手段，以及体育教学评价，对体育教学所取得的效果进行综合考量的综合性指标。体育有效教学是现代体育教学改革创新研究中较为抽象的理论研究，为了使其能够更好地对体育教学实践提供指导，对体育有效教学进行研究和讨论是非常有必要的。

近几年来，教育界各个学科都对有效教学给予了高度的关注，并围绕有效教学进行了有针对性的研究和讨论。而在现代体育教学中，有效教学是作为新词语被引入的。随着我国体育教学课程改革的不断深化，广大体育教师对体育教学给予了极大的关注，但就目前关于体育有效教学的研究来看，对体育有效教学的研究并不是那么深入。由此可知，现代体育教学课程改革中仍非常欠缺体育课堂教学中有效教学的理论研究。

1. 概念

20世纪上半叶，西方在教学科学化理论中对于教学效能核定的强调是有效教学这一理念的来源。对于有效教学的含义，西方学者对其的解释可以概括为：成就取向、技能取向和目标取向。而我国国内的学者对有效教学的含义有着不同的解释。可以将有效教学界定为：通过树立较为先进的教学思想，并将所有的教学策略和教学艺术进行综合利用，将这种先进的教学思想转化为能够促进师生协调发展和不断超越的教学形态，以达到良好教学目标的教学过程。

通过有关有效教学的不同概念和内涵来看，其争议的焦点主要在于教学是以"教师为中心"还是"以学生为中心"。"以教师为中心"对有效教学进行界定的人主要是根据教师在教学过程中的行为来对有效教学进行说明的，他们常常更多地关注教师对教学目标的把握、教学程序的安排、教学方法和教学手段的运用、教材的处理、教师所具有的教学功底及教学效果等。"以学生为中心"对有效教学进行界定的人更加注重"以学论教"，他们侧重于从学生的角度来对课堂教学进行考察，如学生是否理解知识；学生的思维是否积极；学习资源是否适合；学生是否能够主动、积极地参与学习；是否能够与其他同学进行良好的、有效的互动与交流；学生是否养成良好的习惯；是否能够进行学习反思；学生在学习过程中是否获得积极的情感体验等。

综上可知，在现代体育课堂教学过程中，有效教学的宗旨在于保证"将学生作为中心"思想下的体育"教"与"学"的互相统一得到充分展现。如果情况相反的话，即在对有效教学进行讨论的过程中，将"教"与"学"分开进行探讨将会得出不准确、不恰当的结果。因此，在剖析、界定体育有效教学的时候，必须要从体育教师的"教"与学生的"学"两个方面出发，也就是探讨体育教师具体实施的教学行为与学生改变的运动行为。

作者对于体育有效的概念进行了一系列的界定，具体内容是：所谓的体育有效教学，通常是指在体育教学相关实践活动进行的过程中，由于体育教师在体育教学管理、体育教学组织方法、体育教学策略、体育教学方法、体育教学手段，以及学生体育运动技术学习、运动技术练习等方面积极投入，以促进体育教学良好效果活动的教学活动。

2. 体育有效教学策略

（1）提高学情分析的有效性

由于没有对教案的设计作出统一的要求，也没有制订统一的格式，各地的教案有很大的区别。关于一些教学设计和教案的"学情分析"，有的写得较为详细，有的则没有对这部分内容做出描述。在体育课堂教学中，"学情分析"是设计课堂教学所必不可少的重要内容。这是因为体育教师在体育课堂教学中所运用的教学策略在很大程度上与学生对教学内容的了解程度、掌握程度，以及对教学内容的兴趣等有着很大的联系。而很多情况下，体育教师都是站在自己的角度来对体育教学进行设计的，并没有对学生的真实情况进行深入的了解来安排相应的教学手段和教学方法，因此所获得的教学成果是非常低效的，甚至与课前教学所预期的结果差别很大。

从学习原理的层面上而言，学情包含的因素主要包含多个方面的内容，即每一个年龄阶层学生所具备的不同心理特征；每一个年龄阶层学生所具备的生理特点与身体素质差异；学生开始学习之前已经掌握的运动技术；班级课堂的教学气氛；关于体育活动情趣方面，性别不同的学生所表现出的不同之处等。

（2）提高教材分析的有效性

在体育课程课堂教学实践活动开展的过程中，必须使教师对体育教学所用教材的分析得到加强，这一点是非常重要的。然而在体育课程教学的操作实际中，在对教案进行编写的时候，通常会对这一关键性的环节不够重视。在有机结合体育教学过程以后，体育教师在分析体育教学所需教材的时候，应该对于以下多个方面的因素充分考虑。

（3）提高体育教学目标设置的有效性

在现代体育课程教学开展过程中，存在着四个主要目标，分别是运动技能目标、认知目标、情感目标与体能目标。其中，体育课程教学的重要目标是运动技能目标，之所以这么说是因为运动技能目标能够将体育课程教学的学科特点充分体现出来，而且他的目标都是以运动技能目标为主围绕展开的。而这里所说的其他目标，主要有情感目标、认知目标、参与目标、体能目标、社会适应目标与心理健康目标等。

针对整个体育课程教学的目标体系展开分析以后可以得知，体育教学目标自身存在着很大的复杂性，因此，在制定体育课程目标的时候，也应该充分考虑与目标相关的其他层面的各个因素。例如，单元教学目标、水平目标、课堂教学目标、领域目标、体育课程目标与学校体育目标等。在上述的这些目标中，各个层次目标中拥有最小单位的是课堂教学目标。因此，对于体育课程教学目标而言，其逻辑的起点应该是体育课的类型与体育教材的性质。

（4）提高体育教学方法配备的有效性

体育教学方法常常与教法、学法、教学手段、练习方法等混为一谈。需要注意的是，在教师与学生的各种各样的活动中，必须要存在一定的教学过程。

在对体育教学进行设计的过程中，不可能也没必要将所有的教学方法都罗列到体育课堂教学中。这就要求体育教师按照自身的特长、学生的具体实际、所要教授内容的特点与教学用具等因素，来对相宜的教学方法进行选择，将这些教学方法穿插在体育课堂教学中，并根据不同的教学进程来实施这些教学方法。

在体育教学中，练习方法与教学方法容易相互混淆。在体育教学的过程中，需要将多种教学方法融入其中，同时，有一点需要注意，那就是在对各个练习进行安排的时候，必须保证一定的顺序，而这个顺序就是所谓的练习步骤。一般来讲，练习步骤里面会将许多种练习包含其中。

（5）提高体育教学手段使用的有效性

在体育教学中，体育教学方法与体育教学手段也经常被混为一谈，这在基层体育教师编写的教案中表现得尤为突出。从教学理论的角度分析可以得知，"手段"是一种物质性的、能够看见的标识，而在手段被使用以后操作程序就是"方法"。因此，排在"方法"前面的是"手段"。但是，由于在难度问题上，不同的运动技术存在着的差异性也很大。所以，直接导致教学手段存在的复杂性程度也是不同的。对于运动项目技术的某些细节，体育教师就需要展开探索，充分了解运动技术的难点与重点，进而促进一些特殊体育教学手段的构思与设计，这样才能更好地完成有着较大难度的运动技术教学目标。

体育手段应用的特殊性可以作为一项重要的评价因素，用来衡量体育教师的教学水平、教学经验与教学效果。一般来讲，如果体育教师的教学经验比较丰富，他们就会通过自制的简单教学器械与现有的场地器材来对教学手段进行设计，这些教学手段往往比较新颖，让人耳目一新，所获的教学效果也较好。例如，在练习前滚翻时，一些体育教师会通过运用下颚夹纸片、红领巾的教学手段，来解决学生低头含胸的问题；通过双膝夹纸片的教学手段来解决学生的双腿并拢问题。再如，在学习排球垫球的技术时，体育教师通过自制"套手套脚"的橡皮筋，让学生能够对垫球的准确位置与肌肉的本体感觉有一个真实的体会。在学生练习的过程中，在对学生面临的特殊问题进行处理，这些教学手段的独特作用是不能充分发挥出来。

（6）提高身体练习形式组织的有效性

在确定明确的体育教学目标，并配置良好、有效的教学手段与教学方法后，接下来便是组织学生进行有效的身体练习。体育教学的组织形式同体育教学的管理之间存在一定的联系，从体育教学的组织形式上来讲，全班教学和班内分组教学是体育教学较为传统的组织形式，其中班内分组教学又可分为两种，即分组轮换教学和分组不轮换教学。其中，分组轮换教学又包含了多种不同的形式，例如，先分组后合组、先合组后分组、两组一次不等时轮换、两组一次等时轮换、三组两次轮换等。除了上述的这些情况以外，也存在其他的一些分组教学形式，例如，同质分组、异质分组、帮教型分组、友情分组等。

教学组织形式主要是指体育课中分组教学的情况、学习和练习的次序、队伍调动的形式与线路等，应根据具体的教学内容、练习要求、场地器材的特点、学生对运动技术的掌握情况、班级人数等来确定体育教学的组织形式，对学生的练习进行合理的组织是体育教学组织的主要目的。通过合理的组织，减少队伍调动的时间，为学生参与运动技术的学习和练习争取更多的时间，从而使学生更好地掌握运动技能。

（二）体育正当教学

就有效教学的正当性来说，肯尼斯·斯特赖克认为课堂教学除了保证有效性外，还应当是道德的或正义的。但由于重视发展重要性的效率、效能与效益趋向，人们很少会提及、探讨"有效的教学是不是等同于正当的教学"这一问题，从而导致体育教学的正当性也因此而未被人们给予足够的关注。例如，在教学过程中，教师通过采用强制或压制的方式来将影响施加给学生，可以说此种教学的有效性是可能存在的，但是，能不能被称作是正当的体育教学？或者是在体育课堂教学中，教师为了能够使学生有效地获得其所期望的教育结果而采用对学生身心健康造成损害的方式，这种有效的教学是否能够被称为是正当的呢？在体育课堂教学中，体育教师通常会将更多的关注放在具有较好运动成绩的学生身上，而对于那些具有较差运动成绩的学生，体育教师只会给予较少的关注，更有甚者会置之不理，此种教学方式在整体教学效率提升方面可能会是有效的，但是正当与否是不能确定的。

综上所述，从上面的几种情况可以得知，有效的教学并不一定是正当的，而正当的教学也并不一定是有效的。由于体育课程教学有着鲜明的特殊性，这就使得教学正当性的问题在体育课程教学中显得非常重要。要想进行有效的体育课程教学，就必须对体育有效教学与体育正当教学的关系进行正确的处置。换句话说，在追求体育教学有效性的时候，也需要将体育教学尽可能地与人文关怀和人文精神相结合。

在体育教学过程中，对体育正当教学给予重视和关注的原因主要有以下几个方面。

（1）体育教学的有效性忽视了人的主观能动性

从体育教学有效性的相关概念中，我们可以得知的是体育教学的有效性强调的是追求体育教学的经济学价值，但是，对于体育教学活动中，人们参与活动的主观能动性却不够重视。我们都知道，体育教学活动的参与主体是几个，而不是一个，即一个体育教师和多个学生。在体育教学活动过程中，体育教师与学生，学生与学生之间的交往、互动存在其中，在这些互交的过程中，人的主观能动性会在其中发挥很大的作用，对活动结果产生影响。若是在认识体育教学的效果时，只是从经济学的角度出发，就会忽略在体育教学实践过程中人所起到的巨大作用。这就要求我们在对体育教学的有效性进行思考的时候，还要考虑人的思想、情感、行为和意志等。由此可见，对于体育教学有效性的问题要站在体育教学伦理性的角度进行考察，即体育教学的正当性。

（2）体育教学并不是完全预设的

体育教师在对体育教学进行设计时，预设因素在其中发挥着重要的作用，如体育教师的备课及一些课前准备工作等在整个的体育教学过程中有着不可替代的作用，但这些完全是不够的。体育教学是"生成的"，其生成性就在于预设只是一种可能，只是一个构想，也就是说这种预设可能在体育教学实践中出现，也可能不会出现。这主要是因为无法完全并准确地对将要发生的体育教学情境进行设计，而已经发生了的教学情境也不可能完全恢复到原来的面貌。由此可知，体育教学的有效性对于体育教学的预设性过于注重，会忽视了体育教学过程中正在发生的教学情境，这就导致了机械教学观的产生。

（3）体育教学活动具有复杂性

与以前的"师徒传授"形式有着本质的区别，体育教学活动有着很大的复杂性。在体育教学实践活动中，它由以往简单的"一人对一物"逐渐转化为"多人对多物"。仅仅只是站在"经济学角度"来对体育教学的有效性进行认识，教师的作用在其中得到重点突出和强调，这是以"教师中心论"为模板的教学思想，对于体育教学实践活动的特殊性不够重视。在整个体育教学实践活动中，体育教师与学生在进行语言交流的同时，也会通过身体语言进行直接交流或者间接交流。当然，学生和学生之间的互动与交流也是同样频繁的，在他们之间不仅仅存在身体的直接性接触，还会进行学习与模仿，这一点是通过互相观察来实现的。在体育教学的实践活动中，上述的这些交流形式的特殊性直接决定了体育教学过程具有多变性与不可预测性。这就要求我们必须在对体育教学正当性进行考察的前提下，对体育教学的有效性进行强调。

所谓的体育正当教学，主要指的是，在体育实践教学开展的过程中，教师的体育教学行为与实践活动作为一种属性，应该能够满足人基本道德的要求。关于体育正当教学的内涵，从其内容上进行探讨主要由以下几个方面的内容构成。

（1）体育正当教学的有效开展，需要建立在法律要求允许的基础上，体育有效教学开展的最基本要求就是具备一定的合法性。如果想要保证体育教学的正当性，不遵守法律的相关要求是不行的。这也要求，在体育教学相关实践活动开展的过程中，体育教师应该关注学生接受教育的各种各样的权利，给予他们充分的尊重与照顾。

（2）体育正当教学的有效开展，还需要在伦理道德要求允许的范围内。针对每一个社会成员，伦理道德都存在相对应的特殊要求。同时，这些伦理道德要求的表现形式通常是一些道德准则的方式。社会的基本道德原则也可以变成体育教学的基本道德准则。例如，公平公正原则、诚实守信原则、尊重生命原则、向善原则等。在道德的问题上，体育教学应该对于学生的发展起到一定的促进作用，督促学生向一个有道德的人发展。

（3）正当的体育教学应该具有一定的公平性特征。公平的体育教学是指在体育教学开展的过程中，即便是学生在运动基础和运动成绩等方面表现出差异性，体育教师也应该坚持平等对待原则，真正做到一视同仁。我们这里所说的一视同仁、平等对待，实际上就是同等对待。对于那些运动成绩不理想的学生，体育教师不能对其放弃教育，也不能由于学生的品行不好，而表现出差别对待。

（4）在体育正当教学开展的过程中，学生应该是一种目的，而不是一种手段的存在，更不能被用来达成其他的外在目的。正是因为这样的情况，体育教学的正当性，首先就表现在体育教学实践活动开展的整个过程中，要切实地落实学生的主体地位，充分地尊重、爱护学生。

第二节　体育教学改革的发展历程

一、体育教学的改革发展脉络

（一）体育教学的改革历程

改革开放以后，我国学校体育进入新的发展时期，表现出思想的多元化与实践的多样化趋势。在指导思想方面，随着 20 世纪 80 年代初"增强体质"主导思想的确立，以往以传授运动技术、技能为中心的思维模式得以改变并逐渐被打破。

1990 年《学校体育工作条例》的施行使增强体质、增进健康的主导思想再次得到确认，增强学生体质、增进学生健康作为学校体育的首要目标已逐渐取得各方共识；随着思想的解放及认识的深入，快乐体育、终身体育、成功体育等多种学校体育思想也相继出现。由于认识不断深入，对学校体育的结构功能与体育教学的结构功能也有了新的看法，明确了体育教学与学校体育在过程、任务、内容及评价等方面的差别，促进了学校体育实践的发展。随着基础教育向素质教育的转轨，从社会、生物、心理等多维看待学校体育的观念逐步形成，重视体育意识、习惯与能力的培养为终身体育打基础，并将学校体育看作终身体育一个子系统，学校体育思想也逐渐形成。在体育教学方面，由于明确了体育教学与学校体育的区别与联系，逐步确立了以体育知识、技能教学为主的指导思想，并注重卫生保健知识及体育健身基本原理的教学。

在认识上逐渐注意到体育知识、运动技术、运动技能的区别，明确了增强体质与运动技术、技能及运动项目技能的关系。为处理好体育教学中运动

45

技术、技能与增强体质的关系，1996 年国家教委根据课程论研究的进展，颁发了《体育两类课程整体教学改革的方案》，将体育课程分为学科课程和活动类课程两部分，并对两类课程的目标及要求作出了规定。

体育课教学以追求运动技能提高的模式在认识上被打破。在体育教学的内容上，坚持健身性与文化性相结合的原则，在注意健身性时，也考虑内容的文化性，并注意对一些竞技运动项目进行"教材化"处理；坚持民族性与世界性相结合的原则，在继承教学内容以现代项目为主的同时，重视对民族传统体育内容的引入；坚持统一性与灵活性相结合的原则，教学大纲规定的选修内容比例逐渐提高，使教学内容在统一基本任务与要求的指导下，表现出较大的灵活性。在课外体育方面，重视课间操、课外体育锻炼与课余运动训练。在内容上提倡丰富多彩，以发挥地区、学校的特色与传统，注意组织形式多样，重视校内与校外的结合，体育俱乐部的形式也开始出现。在课余训练方面，提倡为国家培养体育后备人才，重视课余训练和小学、中学、大学的"一条龙"制度建设。

（二）学校体育教学的改革趋势

从总体看，随着素质教育的深入以及对学校体育功能认识的深化，学校体育的发展将会有几个方面的趋势：（1）在指导思想上，更注重社会需求与学生需求的结合，注重个性的发展，注重科学化与社会化发展，注重体育意识、兴趣、习惯和能力的培养，注重体育与卫生保健的结合，注重体育教学与课外体育的结合，以求整体效益的获得；（2）在学校体育内容上，注重健身内容与竞技文化的结合，并注重竞技文化的"教材化"及多种变式的引入，健康及运动文化知识将更多地融入教学内容，地方性、民族性的体育内容也将更多地走进学校；（3）在组织形式上，学生体育俱乐部及学生体育团体将受到更大程度的重视，校内外体育组织形式间的联系也会得到加强；（4）在课余训练及竞赛方面，随着学校体育的发展及运动训练体制的改革，学生课余运动训练与竞赛将会有更大发展，并表现出多层次性特点。上述发展变化，将对体育教师提出更高的要求，也将对旧有的体育教育专业的培养模式、课程模式进行改革。

二、体育课程改革历程

2001 年，教育部颁布了义务教育《体育（与健康）课程标准》。2003 年，又相继颁布了高中《体育与健康课程标准》（以下简称《课程标准》）[①]。这体现了新的体育教育思想和理念将成为我国基础教育体育课程改革和发展中的主旋律，基础教育体育课程的改革对高校体育教育专业的课程改革提出了新的思考和要求。因为高校体育教育专业是培养基础教育体育教师的"母鸡"，理应主动适应基础教育体育课程改革和发展，加快高校体育教育专业课程改革的步伐。"体育课程教学改革"对高校体育教育专业培养目标和课程设计有什么影响？这些影响的程度如何？以什么方式施加这些影响？都牵扯一个基本问题，即"对第八次体育课程教学改革的基本认识"的问题，只有把这一问题梳理清楚，才能对上述疑问有清晰的认识。

（1）对第八次课程改革的基本认识

基础教育体育课程在课程理念、课程内容、教学方法、教师的行为等方面都发生了重大变化，强调"健康第一"和"以学生发展为本"的指导思想，重视课程内容的时代性和地方特色，注重教学方法的多样化，关注教师的职业专业化发展，特别强调体育课程在增进学生的健康和促进学生全面发展方面的重要功能和价值。淡化体育教育专业中的竞技化教学倾向，牢牢树立"健康第一"的指导思想；丰富课程内容，应体现时代特征和地方特色；提倡多样化的教学方式，重在培养学生的实践能力和创新能力；增强学生未来的职业专门化意识，强化体育的健身育人功能。

（2）新课改对体育教育专业的直接影响

高等教育体育教育专业是培养中小学体育教师的摇篮，可见基础体育教育与高等体育教育专业有着血脉一体的内在联系；基础体育教育改革必然对体育教育专业发展产生较大的牵引作用，这些作用主要表现在如下方面。

第一，是否承认知识、运动技术对体育教育专业的影响：淡化、轻视运动技术，直接导致学科与术科比例的失调，术科学时比例过小，这是在课程

---

① 赵庆军. 能力本位视域下的体育教育专业人才培养改革研究［D］. 天津：天津师范大学，2018.

设置上导致学生运动技能下降的根源。

第二，是否承认教师的地位和作用对体育教育专业的影响：否认体育教师的地位和作用，必然降低体育教育专业学生的学习动力和兴趣，易导致学业无用论的结果。

第三，是否承认教材研究对体育教育专业的影响：否认教材研究的实质，即反对教材的完整性、系统性和规范性，易降低体育教育学科的科学性，进而引起体育学习的不完整、不深入。

第四，是否承认身体素质的提高对体育教育专业的影响：否认身体素质的提高就是否认体育锻炼的效果，就是把身体素质与健康割裂，将扰乱体育教育专业的学生对两者的正确认识。

第三节　体育教学改革的发展动态

一、体育教育的发展趋势

（一）"健康第一"的体育教育教学思想

健康是当今时代的主题，也是我国目前提倡的生活理念。接受一定的健康教育，对每一个人的成长和全面发展至关重要。健康教育和学校健康教育的概念是 1800 年由美国教育家霍列斯曼首次提出的，世界教科文组织也曾表示：每一位孩子都应当享有健康学习的权利，要注重提升他们的健康观念和具体的实践能力，提高全世界范围内民众的健康水平。所以，为了顺应时代的发展，社会的需求，在未来的教学活动中，要借助体育教学这一途径，强化对学生身体健康的教育，达到强身健体、提升品德素养、促进身心全面发展的教育目标，体育教育和健康教育是紧密相连且彼此促进的。基于此，未来的体育教育理念更要注重"健康第一"理念的贯彻，在体育教学中融入健康的元素，让学生意识到健康的重要性，掌握强身健体的方法，调动对体育的积极性。我国最新版的《体育与健康课程标准》中，也提出了"健康第一"的理念，强调促进学生健康成长是体育课程的最终目标。

（二）素质教育为主的体育教育

现代教育已经逐渐发展成为真正的素质教育，素质教育注重个体在各方面的发展，体育教育是素质教育的一个重要手段。其本质内涵在于学生参加体育锻炼，参与体育比赛，提高自身身体素质、心理素质、社会适应能力以及人格等方面的综合素质。在实行素质教育的过程中，身心健康是学生发展其他素质的重要基础。让受教育者参与一定的体育教育，使他们拥有优美的身材、强健的体质，身体机能也得到强化，这有助于平和心态和定期锻炼习惯的养成。因此，体育教育应该以素质教育为主线，不断提高自己的教育品质，丰富自己的教育内容，为培养全面发展的人才作出贡献。

（三）创新性和快乐性的体育教育

现代教育越来越注重对个体创新性的培养，创新是一个民族发展的动力源泉，创造性思维也是衡量一个人综合素质的重要指标。在素质教育发展的今天，任何教育都离不开对创新性思维的培养，体育教育也不例外。

因此，体育教育工作者应该在日常的体育活动中，注重培养学生的创造性意识、创造性能力和创造性精神，通过一些体育项目中的技战术来训练学生的创造性思维。在体育教学中，让学生自己创造性地做出一些动作，如让学生自己创编徒手操，自己布置场上的战术等，不断增强学生的创造性意识和创造性能力。随着体育教育的不断发展，人们不断探索体育教育的形式，如快乐体育教育。

快乐教育模式的含义可以从三方面进行理解：（1）激发了学生的参与热情，提升他们对体育运动的喜爱度；（2）这种教育模式是通用的，适用于任何群体；（3）顾名思义，快乐体育一定会给学生带来很多快乐，会让学生感受到体育运动的意义和价值，会让他们变得自信。

从以上分析来看，现代体育教育越来越重视创新性在体育活动中的培养，而快乐性也日渐成为体育教育中的一个重要特征，这两个特征将会不断促进体育教育的发展和完善。

（四）体育教育倡导终身体育

终身体育的理念是 1965 年由法国成人教育家保罗·朗格朗提出的。苏联学者提出终身体育是培养与发展学生从事体育活动的能力和学习的主导能力，让学生在学习时代学会"一技之长"，养成与掌握终身进行体育锻炼的习惯和方法，使之终身受益。这种理念的确立极大丰富了体育教育的思想，促进了体育教育的发展①。

终身体育的含义包括两个方面的内容：一是指人从生命开始至生命结束学习与参加身体锻炼，使终身都有明确的目的，使体育成为人一生中始终不可缺少的重要内容；二是在终身体育理念的指导下，以体育的体系化、整体化为目标，为人在不同时期、不同生活领域提供参加体育活动机会的实践过程。

终身体育倡导人不仅在学生阶段参与体育运动，更应该在人生的每个阶段都参与体育运动。每个阶段也许参与的运动项目不同，但都是为了促进人身心的全面发展。因此，体育教育过程应该以培养人终身参与体育为目标，帮助其掌握运动技能的同时，促进其形成运动健身的意识，激发其参与运动的永久兴趣，让受教育者充分认识到终身参与体育的意义和价值，这是体育教育的最终目的。

（五）"体医结合"人才培养模式

"体医结合"从表面进行理解就是体育与医疗的结合，即按照医学的理论体系将体育健身方法进行科学化归纳，使之处方化。在"体医结合"理念中体育具有健康（预防）、治疗、康复的作用。随着全民健身上升为国家战略，"体医结合"将成为推动健康中国建设，增进人民健康的重要战略依托。

结合当前社会发展对体育人才的需求，体育专业院校应抓住机遇，探索"体医结合"人才培养模式，拓宽人才培养新领域，培育体育专业院校新的办学特色。

---

① 张新华. 对现代体育发展趋势的探讨 [J]. 齐齐哈尔大学学报（哲学社会科学版），2007（6）：172-173.

体育专业院校在探索"体医结合"人才培养模式过程需要注意两方面：首先，探索"体医结合"人才培养形式及人才类型；其次，调整"体医结合"课程支撑体系。在"体医结合"形式方面，结合"体医结合"的指导思想以及大众的需求培养体育人才，主要包括传统中医学与体育的结合，竞技体育中的体能训练方法手段、身体监测、康复治疗手段在大众健身中的应用，民族传统体育与医学结合等形式。传统中医学与体育结合在成都体育学院中已经开展，并发展成为学校的特色专业；竞技体育训练方法与大众健身方式相结合，北京体育大学与首都体育学院也已经进行了实践探索，两个学校将竞技体育中的体能训练和身体功能训练方法应用到了大众健身和中小学体育课程之中，引起了强烈反响。

在传统体育与医学结合方面，北京体育大学成立了民族民间体育和体育养生专业，将导引术和太极拳等传统体育与健身、养生相结合。在"体医结合"人才培养课程体系方面，体育专业院校应当增设健身和医疗方面的课程内容，同时针对运动康复专业运动技术基础薄弱的问题，增加技术实践课程的学习。

（六）多元化人才培养模式的探索

国家体育人才市场呈现出体育产业、高质量大众健身指导人才严重紧缺与体育专业院校培养的体育人才就业难的两极分化状态，这反映出体育专业院校人才培养目标与社会需求的矛盾问题。因此，体育专业院校应遵从社会发展需求，探索多元化的人才培养模式。

根据高等教育对人才培养类型的划分，体育专业人才可以划分为应用型人才、研究型人才、复合型人才。相应的人才培养也分为三种模式：应用型人才培养模式、研究型人才培养模式和复合型人才培养模式，这里重点介绍前两种人才培养模式。应用型人才培养模式强调以社会服务为培养方向，注重理论知识和实践知识的掌握。

应用型人才培养模式是当前体育专业院校本科专业人才培养的主要方式。以社会需求为导向培养应用型体育人才，需要体现出"厚基础、宽口径""理论与实践并重"的培养方针，通过多种必修课程和选修课程拓宽学生的理论基础知识面，同时应当紧跟社会发展及时增加新知识，以适应不同的社会需求（如运动康复专业应增加健康、医疗课程，以适应"体医结合"人才需求）。另外，要注重学生的实践技能与实际操作能力的培养，以适应工作岗位的需求（如体育教育专业、运动康复专业的运动技术能力）。

研究型人才培养模式侧重对理性、学术与知识等目标追求。研究型体育人才培养要注重创新、专业、博学的发展方向，创新指把握专业和学术发展前沿动态，不断探索未知领域；专业指在体育某个专业领域有较深的研究和建树；博学指掌握深厚的体育学科专业知识，具有较强的学习、研究和实践能力。研究型人才培养模式主要适用于研究生层次体育人才培养，复合型人才培养模式是应用型和研究型人才培养模式的结合，兼顾社会需求和科研导向，适用于办学类型定位于研究教学型的体育专业院校。

（七）办学社会化与交流国际化

在办学主体多元化发展及高等教育市场化、国际化发展的时代背景之下，中国高等体育教育的单一办学体制已经呈现出多种弊端。由此，高等体育专业院校应实行开放化办学，提高体育专业院校的市场化和国际化办学水平。首先，体育专业院校要面向社会，提高服务国家和区域经济发展的意识，加强与地方企事业单位的合作交流，拓宽办学资金来源；增加与地方科研机构、高等学校、兄弟院校的科研、教学合作，提高学校的科研、教学水平；加强与国家、地方体育局的合作，增加对体育事业的科技、教育、训练方面的支持。其次，在国际化办学方面，体育专业院校在前期办学成果的基础上，继续扩大对外交流合作的范围和深度，在学术研讨、科研项目合作、体育项目引进、跨国课程开设、留学生培养等方面增加合作，提高高等体育专业院校的办学质量，增加在国际高等学校的竞争力，加快"双一流"建设的步伐。

二、体育教学改革的趋势与动态

（一）不断完善的体育教学内容体系

在社会不断发展的背景下，体育项目多样化的趋势越来越明显，高校体育的教学内容同样也在随之改变，攀岩、跆拳道、体育舞蹈等时代特征显著的现代体育项目逐渐出现在学校中。一些个性健身类项目，如健身操、越野跑、山地自行车等，能够较好地满足学生的需要，也越来越受到学生的重视。一些娱乐性强的休闲体育项目，如保龄球、滑板、台球等，也将会因为能够满足学生身心愉悦的需求而受到学生的喜爱。另外，一些民族、民间体育项目，如踢毽子、跳竹竿、荡秋千等，将会为学校体育所开发与利用，以满足学生健身、娱乐等多种需求。从整体来说，我国高校体育的教学内容正在朝着多样化方向发展，尤其是拥有健身功能和娱乐功能的体育项目，未来将会受到高校体育教学的青睐。

（二）不断多样化的体育教学组织形式

在 21 世纪，人们的终身体育观念不断得到加强，学生体育的主体意识也不断得到增强，受此影响，学校课外体育的组织形式将更加多元化，这主要表现在以下几个方面。

第一，体育俱乐部将演变成高校体育的一项关键组织形式，这些体育俱乐部将会反映出两种截然不同的性质。具体来说，一种是竞技体育俱乐部，旨在发展学生体育特长和提升学生运动技术水平；另一种是群众性体育俱乐部，主要目标分别是健身、健美、娱乐。

第二，体育社团将在大中学校得到发展。学校体育社团一般由学生会、团委出面发起组织，大多会以单项体育协会的形式出现，如篮球协会、游泳协会、健美协会等，随着学校体育项目的增多，体育社团也会相应地出现增多的趋势。

第三，非正式学生体育群体的活跃程度将会不断提高。很多学生会因为相同的体育爱好组成小团体，依靠长期形成的习惯和彼此间的感情来维系。非正式学生体育群体已经出现的学校中，如果能对其进行合理引导，这项组织形式必然会更加活跃。

（三）体育教学呈现地域性特点

我国幅员辽阔，民族众多，并且有着悠久的历史，体育课程资源的地域性特点明显。目前，我国实行的是国家、地方和学校三级课程管理体制，在课程管理方面，国家只制定课程标准，提出了课程的整体目标，并没有对课程内容做出硬性的规定，这就给了地方和学校很大的选择自由，让其可以根据自己所拥有的气候特点、地理条件、体育传统等，选择符合自己实际情况的、为广大学生喜闻乐见的体育课程内容、课外体育活动及课余训练内容。

（四）体育教学呈现层次性特点

在人们对教育活动的理解越来越深刻的背景下，越来越多的教育者开始将学生主体地位摆在更加重要的位置，结合学生特征来实施对应的教育是教育发展的未来趋势，我国高校体育教学同样如此。《体育（与健康）课程标准》强调指出："关注个体差异与不同需求，确保每一个学生受益。"关于这一点，目前我国的学校体育还没有完全做到。因此，实施因材施教，采用分层次教学是学校体育的发展趋势之一。只有根据学生的身体条件和运动技能，采用不同的教学策略、评价方法，才能够让学生不断地进步。不仅是体育教学，在课外体育活动与运动竞赛中，也可以采用分层次的方法，来促进学生体育习惯的养成。

第三章 基于教育改革的
体育教学研究

本章为基于教育改革的体育教学研究，依次介绍了体育教学思想观念的改革与发展、体育教学内容与评价的改革与发展、体育教学课程改革与体育文化建设、体育教学的人才培养创新研究四个方面的内容。

第一节 体育教学思想观念的改革与发展

一、体育教学思想的演变历程

（一）中华人民共和国成立之前

清末至中华人民共和国成立期间的半个多世纪的时间里，我国社会经历了多次变革，学校体育系统作为社会大系统之一，已经深深融入时代的脉络之中。我们要对学校体育思想的发展历程进行深入研究，再将它与中华人民共和国成立后的情况进行对比，从中汲取经验教训，为当前我国学校体育工作的开展提供思路。

1. 清末至 1919 年

清朝末年，国家时局动荡不安，康有为、梁启超等具有远见卓识的知识分子将教育视为挽救国家、增强国家实力的重要手段。维新派四处宣扬将教育作为国民素质发展手段的重要意义，推崇武术精神，鼓励国民参与各种体育活动，以提升身体素质，成长为德、智、体全面发展的社会人才。1903年，清政府颁布并实施了"癸卯学制"，体操课程作为一项重要内容进入具体教学之中。第一次世界大战期间，国内军阀割据，国外强敌入侵，为此，各类学校都在加强军事体育锻炼，这一时期的军事和国民教育可谓达到了巅峰。当时的中国国难当头、生灵涂炭，面对战争，百姓们苦不堪言，只有顽强抵抗才会有生的希望，强壮的体魄就成了改变命运的有力武器，因此体育教育受到了世人的重视。

2. 1920—1949 年

自然主义体育教育思想的引入发生于新文化运动时期，以学生兴趣与需求为核心，秉持顺其自然的态度进行体育教育是这一思想的主要观点。在教学过程中，学生作为中心角色，以自己的兴趣和爱好为根本，在学习中获得体验感受，在体验中收获学习成果。该教育方案的主要目标在于培养学生社会、道德、情感等层面的知识，并对他们进行文化知识教育。这与军国民教育思想有很多不同之处，其主要特点有几个方面：第一，人的原始需求是关注重点，学校进行体育教育的目的就是满足学生在个人成长和兴趣方面的需求；第二，主张以自然随性的方式进行身体运动，以更高程度实现人与周围环境和谐共存的境界，并将此作为一种对人的教育方式；第三，倡导以自然为基础的活动，主张尽可能地开展游戏，以满足学生的天性和心理特点。自然体育课程理论在20世纪20~40年代对我国体育课程产生了深远的影响，学校体育的内涵在这种理论的影响下不断丰富完善，同时还对学校体育的改革起到推动作用。在此基础上，中国的学校体育理论体系逐步趋于完整。然而，由于这一教育观过度强调学生的兴趣和自由，导致"放羊式"的教学现象不断出现，这对于当今学校体育的改革仍然有着警醒作用。

（二）中华人民共和国成立至今

1. 1949—1966 年

自中华人民共和国成立以来，我国的学校体育事业发生了令人振奋的转变，党和国家领导人对我国学校体育工作高度重视，全国范围内的学校以及相关教育组织也都在关心学生的身心健康。我国曾对苏联的体育教学大纲、体育工作等相关理论进行了大量翻译，并派遣了不少专家、学者前往苏联进行交流学习，不少学校还聘请了苏联的体育专家作为工作指导。通过多途径的学习，我国的学校体育教育在苏联成功的经验之上，拓展了许多课内外体育活动，并着手打造了属于我们自己的体育教育师资队伍，学校体育改革的进程进入快速发展阶段。在1955年至1956年间，教育部明确提出了以"劳动卫国"为目标的学校体育理念。这一理念认识到除了基本的体育知识和体育技能外，思想品德教育也是体育课堂的重要内容之一[①]。在当时特定的社会背景下，由于我国的体育课程与苏联的体育教学大纲类似，因此，在教学过程中运动技能依旧是关注重点，这种情况下，学生自主学习的时间和空间无法得到充分保障，学生的个性也没有充分施展的空间，自主学习能力的培养受到了阻碍。

2. 1977—1990 年

在苏联学校体育理念的影响下，提高学生素质的理念未能充分实施，学校体育工作越来越不受重视，学生的身体素质受到严重影响，身心健康水平快速下降，这使得学校体育工作陷入一个尴尬的境地。当时，如何提升学生的身体素质已成为社会各界极为关注的议题之一。面对这种困境，我国学者借鉴国外的相关教材和教育理论，编写出了一套适合我国国民素质和国情需求的通用教材。1978年，教育部发布的教学大纲明确规定学校体育教育的工作指导思想为"增强学生体质"，将积极引导学生主动参与体育锻炼作为学校体育教育的工作重点，不断提高学生素质和运动能力，全面培养符合社会主义现代化建设要求的合格人才和接班人。1979年5月，全国学校体育卫生工作经验交流会在江苏召开，会上强调，"提升学生身体素质"的理念核心是强调运动技能的教学，将运动技能的掌握和学生身体素质的提高作为评估学校体育工作的标准。尽管这一时期，加强学生身体素质的理念并没有贯彻落实，依旧存在"锻炼课"的教学形式，但是我国中小学体育课程的改革在这一时期还是有很大的进步。

---

① 曲宗湖，刘绍曾. 新中国学校体育 50 年回顾与展望 [M]. 北京：北京体育大学出版社，2000.

3. 1990 年至今

改革开放的不断推进为学界带来了不同的研究视角，学者们开始对学校体育进行全方位的重新审视，从多个角度进行深入研究。在总结中华人民共和国成立以来学校体育发展中的经验和教训的基础上，以人才培养为目标，通过教育改革树立起新的教育观，形成了符合学校实际、符合学生身心特点的终身体育理念和健康第一理念等特色理念。在这些理念的推动下，教师树立起了"健康第一"的理念，并逐渐将应试教育向素质教育方向转变，将激发学生的学习兴趣和练习欲望作为教学目标之一，在轻松愉快的氛围中进行体育锻炼，既能陶冶情操又能增强体质、学习技能，为切实提高学生的身心健康水平和运动水平提供了有力保障。

早在 20 世纪 90 年代，我国体育教育多元化的趋势。例如，终身体育理念倡导学生学会学习的方法，掌握一定的运动技能，为终身学习奠定基础；快乐体育则强调让学生享受学习体育带来的乐趣，更加积极主动地参与到学习之中；素质教育理念强调的是变应试教育为素质教育，培养德、智、体、美等全面发展的一代新人；"健康第一"的、要求树立"以人为本"的理念，激发学生学习的兴趣，提高课堂教学与体育锻炼的实效性。

二、现代体育教学思想

（一）"健康第一"教学思想

1. 思想的提出

20 世纪 90 年代的"健康第一"指导思想与 20 世纪 50 年代的"健康第一"教育思想有着本质的不同。这一时期的"健康第一"主要是对"素质教育"的诉求，是一种多样化与复合型的新型体育思想，强调体育教学的"以学生为本"理念。

而进入 21 世纪后，我国对学生在体育教学中的全面发展关注更多，教育部和体育部在 2006 年共同制定了《关于进一步加强学校体育工作，切实提高学生健康素质的意见》。在现阶段，我国学校体育的指导思想应当是"健身育人"。当"健身"和"育人"被有机结合到一起后，方可把体育的教育本质表现出来,让学校体育与学校的其他课程一同系统地、全面地实现学校教育"健康第一"的目标。

2."健康第一"思想的依据

(1)健康教学思想符合世界发展潮流

1948年,世界卫生组织指出,健康状态应当是没有疾病并维持身体、精神以及社会三方面的良好状况,要立足于身体、心理、社会三个层面来定义健康。随后,世界各地健康教育的开展表现出了良好的势头。

为了与世界卫生组织提出的健康指导思想保持统一,"健康第一"的体育教学思想在我国也被提出。1990年6月,教育部和卫健委首次联合颁发了《学校卫生工作条例》,正式借助法律形式把健康教育纳入学校教学计划中,为体育教育与健康教育的改革和发展做出很多尝试,打破了以往单一的竞技体育与单方面追求金牌的模式,使群众性体育活动得以拓展,采取多种方式吸引学生自觉参与体育锻炼以及开展多种类型的健身活动,密切关注学生的生理健康和心理健康,使健康教育的发展速度更快、整体发展情况更平衡。第三次全国教育工作会议明确指出,青少年为祖国、为人民服务的基本前提是拥有良好的身体素质。如今,体育课程深受重视,中小学基础教育阶段和高等学校教育的体育教育工作都对此作出了相应调整,不管是哪类学校,都要求学校教育严格遵循"健康第一"的教学理念,密切关注学生身心健康与世界体育教学的发展走向是否吻合。

(2)健康教学思想适应了社会发展的需求

在社会大力培养和发展人才、社会进步不断影响人们日常生活的背景下,人们对健康教育的思考和认识更为深刻,越来越多的人开始密切关注"健康第一"这一理念。

一方面,当今社会的持续进步不只是向人们提供了便利,对人们的日常生活也产生了潜移默化的影响。当前,很多"文明病"对人们的健康产生了很大伤害,在体力劳动逐年减少和饮食质量逐年提高的双重影响下,包括学生在内的很多群体的体力活动都在不断缩减,身体机能呈现出了不断衰退的趋势。另外,在过多摄入动物脂肪、高蛋白、糖类等的情况下,现代"文明病"出现在很多人身上。据有关研究,我国学生的营养正常率并不理想,营

59

养不良和低体重学生的比例较高，学生超重和肥胖现象也越来越普遍，近视率也与日俱增。对于这些情况，我们要深刻认识到它的严重性。因此，重视体育教学、改善学生体质是一个重要的社会课题。学校要总结经验与教训，全面贯彻党的教育方针，加大学校体育工作力度，普及全民健身和卫生保健知识，广泛关注学生健康及体育卫生。众多实践证实，学生主动参与体育健身活动不仅能够达到强身健体的目的，还有助于抵御各种疾病，对学生的智力发展也有着积极影响。

另一方面，随着社会科学技术的持续进步，各国综合实力的竞争日趋激烈，但其根本是专门人才的竞争和劳动者素质的竞争，这种情况对我国教育而言是机遇，也是挑战。我国要想在国家综合实力的竞争中占据优势，就一定要培养出一批优秀的专门人才。而培养出的专门人才不仅要有正确的政治思想，深厚的专业知识，也一定要拥有良好的身体素质。

3. 体育教学中"健康第一"教学思想的应用

在现代体育教学中应严格贯彻"健康第一"的指导思想，将它贯穿于体育教学工作的始终。让学生拥有健康的体魄，为终身教育打下基础，这就是21 世纪体育教育工作者应当完成的任务，也是 21 世纪学校体育工作者应努力探索的新课题。贯彻"健康第一"教学思想需要达到的要求包括以下几方面。

（1）提高体育教师的综合素质

在体育教育逐步发展的背景下，现代体育教育要求教师不可以只采取以往的单一教学模式，体育教师还需要具备较高的科研探索水平。针对这两方面要求，体育教师需要掌握科学与人文两方面的基本知识以及基础劳固的体育基本功。

第一，体育教师要熟知信息科学、生命科学、环境科学等基础知识，了解体育教育的人文价值，掌握学生素质发展的规律性，努力提高自身的综合素养。

第二，体育教师还要树立终身学习的理念，适应不断发展与变化着的社会。

第三，体育教师应当不断积累教学经验，主动参与各类体育科研活动，自觉在体育教学过程中发现问题、探索问题、解决问题，逐步发展成为同时具备探索能力和创造能力的科研型教师。

除此之外，21世纪的体育教学把教师监控教学的能力摆到了重要位置。体育教师对教学的监控能力具体包括对教学活动的决策与设计能力、课堂组织能力和管理能力，以及评估学生知识、技能的能力等。

（2）在体育教育中加强体育、卫生、美育的有机结合

学生在参与体育活动和体育锻炼时，一定要保证摄入身体所必需的营养，还要养成讲究卫生的好习惯。所以，应当把身体健康和卫生保健密切联系在一起。对于体育教学来说，学校应当适当增强对学生的营养指导，高效地向学生传授与营养和卫生保健相关的知识。

实践表明，广泛开展群众性的体育活动，可以使校园文化丰富多彩，使学生的体育生活充满生机。体育是健与美的有机结合，寓美育于体育之中，可使体育内容与形式充满美的感受，提高学生对体育的兴趣，提高其运动质量，丰富学生的审美体验，提高学生创造美的能力。

就现阶段来说，学校体育与卫生保健的密切结合已经形成了良好开端，也获得了比较好的效果，但依旧未能形成完善的体系。这就要求紧密结合学生的成长发育与生活实际来开展健康教育，让学生学会自我保护，预防疾病的发生。

（3）培养学生的健康意识和行为

在体育教学的各个环节，教师应采取多种方式把教学活动和学生生活实践联系起来，促使学生逐步养成健康意识，努力让学生把所学知识转变成自觉行为。具体来说，学校和体育教师在培养学生健康意识与行为时，需要高质量地完成以下几方面工作。

① 结合学生的具体实际，制订适合学生发展的体育教材，组织学生参加体育锻炼。

② 上体育课时应把握好运动量的大小。

③ 在体育课外活动中应加大体育教师的指导力度。

④ 开展多种形式的体育比赛。

⑤ 有针对性地加强营养学、心理学、保健学、环保学、身心健康等方面

的知识教育。

（4）不断提高学生参与体育的能力

在体育教学过程中，教师应当向学生传授健康的知识与锻炼方法，把开展体育运动项目与社会体育资源密切联系起来。健康知识与锻炼方法对所有体育锻炼的参与者都至关重要，传统体育教学中往往存在重视运动技术传授而忽视健康知识传授的问题。学生只有全面掌握了健康知识与锻炼方法之后，才不至于漫无目的地参与体育锻炼活动，才能更加客观地评价自身的实际情况与锻炼效果。通过分析传统体育教学可知，学校开展运动项目往往只把场地器材、教师情况、学生情况视为重要考虑内容，而没有对学生所学运动项目在其步入社会后能否继续坚持进行全面的考虑。

现阶段，学校体育教学各项工作的开展应充分立足学校、放眼社会，多开设社会体育设施建设较好的项目，为终身体育的开展创造条件。各项运动项目是参与者参与体育运动的重要媒介，良好的运动技术可以激发学生对运动锻炼的积极性，从而逐步形成良好的运动习惯。所以，在体育教学中必须坚持以运动技术为主，注重培养学生广泛的体育兴趣，使学生一专多能，同时还要重视健康知识和健身方法的传授，使学生在学校之外也能科学地参与体育锻炼。

（二）"以人为本"教学思想

1. 思想的内涵

我国在提出"以人为本"的思想时，并没有于最开始便形成系统的理论体系。早在商周时期，我们的先辈就已经提出了民本思想，并指出人民是整个国家的重要基础。春秋时期，儒家倡导"仁者爱人"的思想，战国时期齐国管仲提出"以人为本"的治国思想，再到后来孟子的"以民为国家之本"等思想，都与"以人为本"教学思想有着密切关系。毋庸置疑的是，我国古代传统的民本思想和现阶段的"以人为本"理念有着很多不同之处。

在西方，古希腊时期就出现了"以人为本"的理念与思想，其正式形成则在意大利文艺复兴时期。19世纪初，哲学家费尔巴哈第一次提出了"人本主义"。在人本主义思想的长期影响下，西方教学思想在教育观念、教育目标、教育内容、教育手段等方面都进行了大幅度调整，其对现代体育教学的发展进程起到了很大的推动作用。

当前，"以人为本"的体育教学思想已经演变成了中西方体育教学的关键性教学思想。在体育教学中贯彻和落实"以人为本"的教学思想，不仅对我国落实科教兴国战略有深远意义，还对我国实现中华民族的伟大复兴有着深远意义。

2. "以人为本"教学思想的重要性

进入 21 世纪以来，人们对人才是社会发展的核心要素有了越来越深刻的认识，我国一定要在实施科教兴国战略的前提条件下持续加深学校教育的改革深度，保证人与社会的全面发展。在社会不断发展的背景下，各级学校应坚持"以人为本"的教学理念，这是体育课程改革的必然要求。在新的时代背景下，贯彻"以人为本"的教育理念对学校体育教育的发展和青少年的身心健康成长都具有重要意义。

近年来，在不断加深改革深度和发展深度的背景下，我国学校教育的发展成效十分显著，体育教育同样在积极顺应时代发展的主要趋势，大力更新各项教学观念。当前，"以人为本"的科学发展观及教育理念对我国体育教学的发展具有重要的指导意义。"以人为本"中的"人"既是个体，又是群体，既具有自然属性，又拥有社会属性。现代体育教学要建立在"以人为本"的基础上，坚定不移地实施科教兴国战略和人才强国战略，不断满足大众日益增长的对教育需要。

3. 体育教学中"以人为本"教学思想的应用

我国现阶段的体育教学还面临很多需要解决的问题，针对这些问题，体育教育应当在教育目标方面落实"以人为本"的教育理念，具体应当从以下两个方面入手。

（1）以学生为本

学生是体育教学的主体，其同时也是独立的生命个体，有资格获得认可与尊重，所以参与体育教学活动的教师应当树立"以人为本"的观念。在以学生为本的过程中，应当进一步丰富办学资源，尽全力为学生创造有利的学习条件，进一步充实教师队伍；本着对学生高度负责的原则，提供充足的教育教学资源，保证向他们提供其发展所需的知识、技能等教学内容；尊重学生的个体差异，促进学生个性发展；完善培养方案，建构科学的课程体系；重视改变教学方式，提升教学的感染力、吸引力，激发学生的学习动机，调动其学习积极性。体育教学中贯彻"以人为本"的教学理念，首先就要关注学生的利益，树立为学生服务的观念，使学生获得全面而又不失个性的发展。

进入 21 世纪以来，我国学校教育以惊人的速度不断发展，体育教育也要适应新时代的发展，不断革新观念，以科学的、合理的、人性化的教学理念促进学校体育的发展，让学生在"健康第一"思想的指导下获得身心的全面发展。简单来说，现阶段的体育教育应当把保障学生身心健康当成基本原则和开展多种体育活动的立足点。在学校体育教学的实际过程中，应采取多种方式提高学生的主体地位，培养学生主动参加体育锻炼的意识。在培养学生主体意识的过程中，要求教育工作者应本着尊重学生、信任学生的原则，促进学生身心的健康发展。具体来说，要做到以下几点。

① 尊重学生。教师应当树立以学生为中心的教育理念，在教学过程中严格遵循学生的身体发展特征和规律，同时对学生的个性予以尊重，贯彻并落实因材施教的原则。

② 宽容学生。让学生健康成长是教师工作的根本目的，教师要想顺利达成这个目标，就必须对学习中存在问题的学生进行密切关注。学生之间难免会存在差异，教师应当正视这种差异，对学生的优势进行肯定，对学生的劣势多多包容。针对班级中喜欢捣乱的学生，教师应当集严格管理和适度宽容于一体，在宽容中提出严格的要求。

③ 丰富教学形式。在体育教学中应努力彰显学生的主体地位，使学生在体育学习中融入情感和行动。所以，体育教师应当采取多元化的教学形式，科学组织体育教学。具体的教学形式有群体训练、小组合作练习、个人自觉练习等，这些都彰显出体育教学贯彻"以人为本"，有助于激发学生的内在需求，推动学生的不断进步。

④ 科学评价学生。体育教学评价的全面性很重要，全面评价需遵循"以人为本"的原则，将学生的全面发展充分重视起来，力求通过全面评价来了解学生对体育的态度、参与体育锻炼的情况以及对体育技能的掌握和运用情

况，从而有针对性地调整教学方案，使学生在现有的基础上实现更大的进步。在体育教学过程中，要注重对学生体育学习情况的评价。一般来说，体育教学评价主要是对学生的平时表现、素质达标、技术技能运用等方面进行评价。

⑤　建构和谐师生关系。体育教学的基本立足点是关爱学生生命，尊重学生人格和权益。教师对学生的独立性、个体性应予以尊重，要与学生建构平等和谐的师生关系。具体来说，在体育课堂教学中，教师要擅于采用鼓励性的话语来激励学生、安抚学生。鼓励的话语可以给学生带来莫大的安慰与动力，可以使学生变得更勇敢、更自信，这样往往更能取得良好的课堂教学效果。

（2）以教师为本

因为教师的"教"是学校培养学生和推动学生发展的实现手段，所以体育教学中也要以教师为本，学校需要完成的工作包括以下几个方面。

第一，为体育教师提供积极向上的工作环境，针对教师的工作量制订出合理标准，客观评估教师的教学情况，积极奖励表现突出的教师。

第二，时刻关注教师的发展情况，教师也需要随时代的变化而持续发展。在体育教师管理方面，严禁把防范性和强制性摆在重要位置，应当把人性化贯穿于各个环节，促使体育教师积极履行个人义务并承担相应的责任。

第三，给予体育教师应有的尊重与信任，避免制订过多内容来限制体育教师的自由，避免束缚体育教师的行为。

（三）"终身体育"教学思想

1. 思想的概念

"终身体育"是指在人的一生中都要进行身体锻炼和接受体育教育与指导，它是终身教育的重要组成部分。具体来说，就是一个人从生命的开始到生命结束，都要根据环境与个人的需要，进行身体锻炼，以取得生存、生活、学习与工作的物质基础或条件。"终身体育"思想的形成是人类自身和社会发展的必然要求。

在理解"终身体育"时，可以从几个方面进行分析：在时间上，"终身体育"贯穿人的整个生命过程；在活动内容上，"终身体育"运动项目可以结合自身兴趣进行选择；在人员上，"终身体育"面向的是社会全体公民，特别是青少年学生；在教育上，"终身体育"有助于提升全体公民的总体素质，是实现富国强民的重要方式。

"终身体育"是思想意识及行为倾向的有机结合，体育意识是"终身体育"的思想基础。体育意识的强烈程度直接影响着人终身体育思想的形成。"终身体育"强调个体生命整个过程中不同时期的体育锻炼情况，即体育锻炼贯穿于生命的全过程。"终身体育"贯穿人的一生，对社会而言是全体国民的体育，两者的统一是"终身体育"追求的最高目标。

现在，"终身体育"思想在体育教育中所占的地位越来越突出，已经逐步发展成为当今十分先进的体育教学理念。"终身体育"思想由学校体育、社区体育以及家庭体育组成，它们互相联系、相互作用，共同影响个体。

2. 体育教学中"终身体育"教学思想的应用

（1）培养学生的终身体育意识

"终身体育"教育思想指导下的体育教学不仅是注重学生对某一特定的运动技能和运动的熟练程度，更重视学生学会分析自身的身体锻炼与综合的运动实践能力，注重对学生的体育爱好和兴趣的重点培养，使学生养成良好的身体锻炼习惯。在学校开展终身体育教育过程中，就应当致力于提升学生的体育意识，其具体措施如下。

① 重视体育兴趣引导。心理学的有关理论证明，行为是在认识事物的前提下，在引发动机和兴趣的基础之上产生的。在体育教学中，教师应当指导学生端正体育学习态度，制订适宜的体育目标，逐步形成持久的学习动机，调动学生掌握体育锻炼与卫生保健两方面的知识和技能的积极性。除此之外，体育教师应当密切关注实施理论教学的实际效果，不断增强学生的"终身体育"意识，顺利实现体育的价值。

② 重视体育习惯培养。体育教师应当指导与带动学生把体育锻炼习惯延续到校园生活以外，这不但有助于我国全民健身的发展，也有助于实现"终身体育"的社会价值。

③ 重视体育素质培养。在体育教学过程中，体育教师应当制订使学生终身受益的目标，对每次课以及所有课外活动都要提出有针对性的要求，把素

质、技能、知识、能力等方面的教育内容都渗透到培养学生终身体育意识的过程中。

（2）重视学生自我发展与社会需要的结合

"终身体育"着眼于人一生中各个不同的年龄阶段、不同的生活环境、不同的职业特点来选择相应的锻炼方法和内容，进行不同形式的身体锻炼，以确保其终身受益。学校体育教学为未来扮演不同社会角色的学生提供了一个良好的参与体育的契机，指导其参与体育锻炼，以便进入社会后可以更好的适应社会。因此，"终身体育"不仅要促进学生在学校的发展，还要充分满足社会发展对学生未来的发展要求，这就要求体育教育应重视学生的当前发展和长远发展。具体来说，在体育教学过程中，应实现学生终身体育发展与社会需求两者的结合，具体应该做好以下几方面工作。

① 明确学生需要与社会需要的关系，这是正确处理学校体育发展与社会需要适配性的关键问题。

② 明确学生需求和社会需求之间的联系。学生需求是促进学校体育文化发展的重要动力，社会需求是体育运动发展的外在要求。

③ 体育教学应当以学生为主体并努力让学生的学习需求和发展需求都能够获得满足。

④ 对学生发展和社会需要在各个发展阶段的矛盾进行灵活有效的处理。社会需要和主体需要在终极目标上应当维持统一，学生的终身体育发展为社会在人才方面的实际需求打下了基础，但学校体育教学涉及方方面面的内容，不可以只把社会需求发展当成服务对象，也需要把"以人为本""健康第一"考虑进来。

⑤ 重视与培养学生掌握系统的体育基础理论知识、科学的身体锻炼方法，以及检查评定的方法，使学生形成从事"终身体育"的能力。

⑥ 校园体育教学应时刻注重对学生的生理、心理、行为模式、思想意识等方面的调查与研究，同时以社会需要为基础，以"是否符合社会发展需要"作为衡量学校体育教学是否合理与成功的重要评价标准。

（3）拓展和丰富体育教学内容

通过分析我国当前的学校体育改革目标可知，其主要定位于让个体在有限的学生阶段掌握体育基础知识与基本技能，在未来可以独立进行身体锻炼并接受体育教育，密切衔接终身体育。学校体育在现阶段的重要任务是培养并增强学生的"终身体育"观念，在设置体育课程内容时适度增加促使体育教学内容更加多元化的内容，其具体有如下几点。

① 在体育教学中积极开展学生乐于接受的体育项目。

② 适当组织各类运动赛事，如篮球运动赛事、足球运动赛事、健美操运动赛事等。

③ 在体育教学中适当安排耐久跑等锻炼内容，同时结合季节特征来作相应安排。

④ 指导学生密切关注体育界的最新动态，向学生传授体育竞技规则与裁判的基础知识等。

⑤ 支持学生自行组织比赛，全面培养学生的自我组织能力和参与意识。

⑥ 体育课内外教学相结合对于"终身体育"理念的发展也是有积极意义的，高校开设体育选修课可以让学生选择自己感兴趣的体育项目来学习，从而发挥自己的体育特长，养成良好的体育习惯，为"终身体育"锻炼习惯的形成打下坚实基础。

（4）不断提升教师的综合素质水平

教学是教师最基础与最核心的工作，教师教学能力往往对体育教学质量有着重要影响，所以体育教师应当借助多种方式来提升教学能力，使教学质量得到大幅度提升。

① 教师应树立起重视体育教学的思想和意识，并在教学过程中积极贯彻落实。教育关系到民族的兴亡，健康的人才才是祖国需要的人才。所以，体育教师需要时刻考虑如何将祖国未来的希望培养成全面发展的新型人才。

② 在体育课程教学中，针对特殊情况和事先未能考虑到的情况，教师可以对课程进行适度的调整，这是体育课中比较常见的情况。体育教师不应当只定格于提前设计好的方案，应当用不断变化的视角来实施课程方案。由此可知，体育教师应当结合实际情况来对已做好的课程设计进行合理调整，从而对学生的体育学习与体育锻炼发挥出更大的积极作用。

③ 体育教师应当积极适应时代发展的实际需求，在体育教学过程中积极

进行自我更新与自我优化，树立崭新的教育观念，选用切实可行、创新性高的教学手段来开展各项教学活动，激发学生参与体育运动的主动性，增加学生参与体育活动的兴趣。

第二节 体育教学内容与评价的改革与发展

一、体育教学内容发展与改革

体育教学内容始终是体育教学活动的关键因素，对其进行研究有助于提升体育教学质量，促进体育教学与时俱进，这对未来进行体育教学内容的革新与发展有着非常大的帮助。

（一）传统体育教学内容的不足

1. 逻辑关系不强

由于体育教学内容相比于其他教学内容没有足够强的逻辑性，所以在教学内容的安排上应当避开逻辑性，在更深的层面上进行研究。

2. 与健康教育的关系没有摆正

体育教学内容从根本上来说，应当与健康教育相辅相成，但在实际教学当中，人们一直都忽视理论基础知识，固有思想总是认为体育课就是要实践，认为上体育实践课的老师对于健康教育是不在行的，而会上健康教育课的老师对于体育实践课又不熟悉，这时的体育教学和健康教育被剥离开来，但是"终身体育"理念的提出使人们认识到，体育与卫生保健是相辅相成的，科学锻炼才能保障健康，所以现代体育教师必须注重理论与实践相结合。

3. 缺乏多样化和重点化

相比于其他学科，体育教学在横向上的内容更加丰富，因为其他学科的内容有着比体育教学更强的逻辑性。"终身体育"理念使得很多教育工作者开始思考目前的体育教学因为内容太多导致学生学不会的问题经常出现，所以很多学者提出学生只要具备一项运动技能就足够了的观点。他们认为，学生进行"终身体育"，一项体育技能足矣。但同时也有很多的反对声，因为这会把体育教学内容置于一个过于狭小的范围内，并且一个项目很难满足人一生中各个阶段对体育运动的需求。所以，项目太多或项目太少对于体育学习来说都过于片面。这一问题可以通过在初中、小学设置多样化教材，高中、大学选择特长项目的方法来实现。

4. 竞技项目难以教学化

在我国的体育教学内容发展过程中，竞技体育项目始终是体育教学的主要内容。但与体育教学相比，运动训练是有着本质上不同的。所以如果以专业训练的标准要求学生在体育教学中的学习，那么必然会出现难度过高、内容枯燥、教学效果欠佳的问题。所以要想在体育教学内容中加入竞技体育的内容，对其进行改造是必不可少的。

（二）体育教学内容的发展趋势

1. 从规定性向选择性方向转化

在过去，体育教学大纲在进行体育教学内容的选择时总是想要寻找各个项目间的逻辑关系，其目的就是想依托这种关系将体育教学内容系统化，但是在实践操作当中发现，这种预想中的逻辑性是不存在的。因此，在未来的体育与健康的教学大纲中，进行体育教学内容的选择时，要更加注重寻找体育学科内在的一些规律，如效果好的体育课程往往是学生们更加偏爱的运动项目，这种项目几乎都具有流行性、时尚性、娱乐性等特点。

2. 由教师主体向学生主体转化

体育教学内容的选择与确定将受到各个方面的制约。在过去的体育教学大纲中，体育教学内容的选择与确定往往更重视教育工作者对于教学内容的价值取向，因此重视的仅仅是教师的'教'。而随着体育教学改革的进行，越来越多的人开始重视学生对体育教学内容的价值取向，所以根据学生的'学'而进行教学内容的选择现在成为普遍共识。

3. 从只注重提高身体素质向全面发展转化

体育教学内容的选择由于受到各个方面的制约，导致学校的体育课程曾经是纯粹以提高学生跑、跳、投等身体素质为目的的一种体能达标课。新的教学改革大纲出台之后，教育往往更加强调素质教育，因此学校对于学生素质的全面发展肩负着无比重大的责任。在体育教学内容方面，内容的选择与确定，同样要符合素质教育的要求，要使学生在身心方面获得全面的发展。

4. 培养终身体育意识

学校体育为终身体育打基础，如今这是一个大的趋势，而终身体育目标的达成取决于学生参加体育所需的技能、知识和态度。所以教学内容应当更加注重健身性、运动文化传递性与娱乐性，要在健身价值和终身运动性强的运动项目中间作出选择。

5. 积极引入新内容

随着社会的发展，我们在体育方面的选择更加多样。学生更加追求新奇的体育项目，所以体育教学内容也要注重推陈出新。除此之外，我国多民族的特性决定了各个民族都有自己的民族特色体育项目，这些民族项目既各具特色，又具有良好的健身价值，在体育教学内容的选定中应适当根据具体情况加以选用。

（三）新型体育课程内容体系

在这个新体系当中，体育教学的内容进一步获得扩充，囊括了身体教育、娱乐教育、竞技教育和生活教育四个方面。

（1）身体教育

身体教育是指以健身为目的的体育教育，身体教育的目标是要提高人的各项基本活动能力。其中，身体成分、肌肉力量、有氧耐力及柔韧性是重要的与健康相关的运动素质。

（2）保健教育

保健教育是指在学习相关体育知识的过程中确保学生的安全和健康，其中，生理和保健知识也是必不可少的。在体育教学内容中必须重视运动处方的理论和实践，将保健教育和体育教学结合起来。

（3）娱乐教育

体育教学内容中的娱乐教育可以非常灵活地结合在社会的每个角落。每个人每个民族的娱乐体育活动都是丰富多彩的，因此促使它成为体育教学内容，是一种有益的选择。

（4）竞技体育

竞技体育主要是以专项运动项目为主要内容的体育教学，由于竞技体育事业的飞速发展，学生对竞技体育是相当喜爱的。但在教学过程中，绝对不能按照对运动员的要求而进行体育教学，在各个方面应该针对学生进行适当的处理，要适应学生的实际情况和需求。

（5）生活教育

生活教育在这里指防卫训练、拓展练习、冒险教育及健康生活教育。在现今时代城市化影响着每一个人，包括学生，但这种生活有时候会显得内容单调，因此很多学生希望亲近大自然。这种追求，使体育教学内容又可以有新的选择。

二、体育教学评价改革策略

（一）基于 DEA 模型的体育教学评价改革

1. 体育教学评价和 DEA 模型概念

（1）体育教学评价的概念

"评价"一词，在《辞海》中的解释为衡量人或事物的价值。价值是指一种事物能够满足另一种事物的某种需要的属性，换言之，一种事物能满足某种需要的属性即为该事物的价值。"教学评价"这一术语的概念较多，但有一个相对全面的概念，众多学者都予以认可：教学评价是指在教学过程中依据教学目标，有计划、有目的地观察、测定教师和学生学习的种种变化，根据这些变化对照教学目标、教学计划、教学效果、学生的学习质量及个性发展水平，运用科学的方法作出价值判断，进而调整、优化教学进程，促进学生达成教学目标的教学实践活动[①]。从众学者的观点来看，可以把教育评价的概念归结为依据一定的标准，在系统、全面地收集、整理和运用教育信息的基础上，对教育活动的过程和结果进行价值判断，以作出相应改善和调整来

---

① 孙宏安. 关于教学评价概念的一个注记［J］. 大连教育学院学报，2015，31（2）：1-3.

促进教育活动的过程[①]。

（2）DEA 概念

数据包络分析（Data Envelopment Analysis，DEA），是数学运筹学、数理经济学、管理科学和计算机科学的一个新的交叉学科。它是查恩斯和库伯等人于 1978 年开始创建的，并被命名为 DEA；第一个模型是 CCR 模型，随后，1984 年，相关学者从公理化的模式出发给出了另一个 DEA 模型——BCC 模型。最为经典的模型有 CCR、BCC、FG、ST。简言之，DEA 模型就是通过把搜集的评价指标的实际数据输入软件包，然后模型自动生成一个最优的临界值，并把每个被评价对象与最优的临界值的距离计算出来，从而根据每个被评价对象与最优临界值的差距来判定其优劣，也就是最终的评价结果——相对有效性。

2. 我国体育教学评价改革动因

（1）国家政策的支持

2017 年颁布的《国家教育事业发展"十三五"规划》明确指出："高等教育要深化本科教育教学改革，改进教学评价机制和学生考核机制。"从这一文件中，我们可以看出国家对教育改革的殷切期盼与支持，并且高等教育主要是用来培养高质量人才的，教学评价作为教学过程的最后一个部分，不仅对教学质量进行评价，同时对整个教学过程的提高具有促进作用。

（2）新时代的要求和召唤

这个新时代，是承前启后、继往开来、在新的历史条件下继续夺取新时代中国特色社会主义伟大胜利的时代。同理，当今时代的主旋律就是进行改革和创新。因此在教育领域，我们也要继往开来、不断开拓创新，只有这样，才能适应新时代，才能取得教育事业伟大征程的胜利。

（3）现有的体育教学评价机制存在问题

事物的发展是一个曲折的进程，总是在发现问题、解决问题的过程中得到发展。当我们发现问题后，若能及时解决，必能取得质的进步。我国高校体育教学评价存在着四个方面的问题：对体育教学评价的重视程度不够、评

---

① 翟苏莹. 教育评价概念探析［J］. 齐齐哈尔师范高等专科学校学报，2016（2）：27-28.

价主体比较单一、评价方法欠缺科学性、评价的内容不够全面，这四方面问题也说明高校的体育教学评价机制亟须改善，现有的体育教学评价机制存在的问题也是我国高校体育教学评价改革的动因之一。

3. 应用 DEA 模型的可行性

DEA 方法与传统体育教学评价方法的相同点：其一，都是为了进行相对有效性评价，提高各单位（教师、学生、企业、学校等）的积极性；其二，都是为了优化，即通过评价，发现各决策单元的现状及不足，找到改进措施；其三，都是评价具有多个投入和多个产出的复杂系统。

DEA 方法与传统体育教学评价方法的不同点：其一，是传统的体育教学评价方法需要对各项指标进行权重的赋值，然后才能得出评价结果；然而，DEA 方法不需要任何权重假设，而是把搜集的决策单元的输入和输出原始数据输入软件包，软件包中的模型可以直接求出最优的权重，并确定出了生产前沿面，排除了很多主观因素，具有很强的客观性。其二，是传统的体育教学评价方法对各评价指标判断后，要进行大量的统计、计算工作，才可以得出评价结果；然而，DEA 方法把投入指标和输出指标的数据输入软件包后，就可以直接明了地显示出来各决策单元的相对效率是否有效，即可以省略繁琐的计算、分析过程，直接看出各决策单元需要优化的指标。

从现有的体育教学评价方法及发展趋势分析：变革课程评价是打破中国基础教育课程改革"瓶颈"的关键，丰富发达的评价理论必将推动评价实践的发展。体育教学评价的价值取向由"目标取向"走向"过程取向"和"主体取向"。而且体育教学评价方法已经由质性评价取代量性评价走向质性评价与量性评价的完美结合，普通高校的体育教学评价方法的改革趋势是人性化和客观性。

从 DEA 方法的功能分析，通过此方法来进行体育教学的评价比较合适，DEA 在避免主观因素、简化算法、减少误差等方面具有很大的优势[①]。从体育教学评价的过程来看，体育教学评价的整体趋势是既需要定性评价，也需要定量评价，但是体育教学本身就是一个复杂的过程，如果采用现有的评价

① 李亮亮. 泛珠九省区金融资源配置效率的实证研究［D］. 海南：海南大学，2015.

方法或多或少会掺杂主观因素，从而导致评价结果的不真实。DEA的核心理念是将各决策单元与所估计的生产前沿面进行对比，识别出低效率决策单元，并显示出每个决策单元的效率值，本质是判断决策单元是否位于生产前沿面上。从DEA操作角度来看，此类软件包（已经有DEAP2.1版本）操作简单，只需预先进行建模，把各决策单元做好标记，然后把收集的投入和输出数据输入模型，就可以直接得到评价结果。

（二）"以生为本"的公共体育教育评价改革

1."以生为本"重要意义

（1）为公共体育评价提供了正确的指导思想

对于高校体育教学活动来说，如何能够进行合理、科学的评价是体育改革过程中最难的问题。而"以生为本"的理念是能够有效解决此问题的重要方法，为促进高校公共体育教育的可持续发展提供了正确的指导思路。

（2）确定了公共体育评价的改革目标

根据多年体育改革实践过程可知，高校公共体育教育的指导思路已经从传统的"增强体质"升华到目前的"健康第一"，这标志着目前国内高校公共体育改革更接近体育发展的本质。"健康第一"的基本出发点是要坚持"以生为本"，由此可知，"以生为本"的科学发展观为高校公共体育教学评价改革指明了方向，确定了改革的基本目标。

（3）加快了公共体育评价改革的步伐

对高校公共体育教学评价进行改革，是为了推动高校体育事业持续健康发展。我国体育教育改革之所以能够顺利开展，表现出良好的发展势头，关键在于"以生为本"理念的提出。同时，在高校公共体育评价中坚持"以生为本"，建立全新的评价体系，既能够有效推动体育事业的可持续发展，也是落实和贯彻科学发展理念的重要体现。

2."以生为本"缺失的表现

（1）公共体育教学评价体系价值取向"以生为本"的缺失

目前，公共体育教学评价体系价值过度重视体育教育评价管理功能，忽略对学生发展功能的评价，使体育教育评价成为教育管理的工具。传统教学评价体系过度重视教育的目标导向，导致学生学习积极性和兴趣难以被激发出来。如果让学生带着沉重的心理负担去学习，就会极大压抑学生的激情和创造性。

（2）公共体育教学评价内容"以生为本"的缺失

由于受到传统体育教学模式的影响，国内体育教学内容通常以技术教学为主，通常采用竞技运动的教材体系，竞技内容在评价时所占成分重、比重高。目前，高校公共体育对学生的评价通常包括下述几方面：平时成绩、理论成绩和技术成绩，三者的分值分布比例分别为 20%、20%、60%。由此可知，对于学生的评价主要是定量评价，技术评价比重很大，虽然进行了多次体育教学改革，但这种评价方式仍然一成不变。由于评价过度重视技术动作的标准性、规范性和质量性，这就导致部分学生对体育课失去兴趣，甚至出现了厌烦的情绪。

（3）公共体育教学评价方法"以生为本"的缺失

随着"健康第一"教学理念的提出，越来越多的人认可这种教学理念，并积极对体育教学活动的各项内容进行改革，如体育教学方法、教学内容及评价体系等，然而现实中体育教学实践改革与"健康第一"教育理念仍然存在较大差别。大学生经过小学、初中、高中等时期的传统体育教育，没有形成对体育课强身健体及人文精神的追求，反而呈现出一定程度的厌学及担忧心理。然而在各类大型比赛中，大学生在电视屏幕前的狂热与体育教学过程中的不热衷形成了鲜明的反差。究其原因，关键在于目前高校公共体育教学仍然围绕体育考核进行，学生也只是为了成绩合格而被动学习，公共体育教学评价内容的不科学、不合理极大地打击了学生参与体育运动的积极性，学生对体育的狂热和激情在"应试"模式中消失殆尽。由于目前国内公共体育教育评价仍然是采用应试教育的定量评价方法，表面看十分公平，但是评价方法单一，难以有效反映学生的真实情况，尤其是对学生心理、态度及创新能力等都缺乏翔实的判定。

（4）公共体育教学评价主体"以生为本"的缺失

教学评价的主体通常包括两层意义：第一，体育教学课堂的主体性。传统的体育课堂评价主体过于注重教师课堂效果的评价，对学生的评价却往往忽略。"以生为本"的体育教学评价应该充分重视学生这个主体，确定对应的主体性的课堂评价标准，要同时重视师生双方的共同活动，摒弃传统教学评价仅注重教师的偏向性。第二，体育教学评价的主体性。传统评价模式对学生的评价通常由体育教师一人说了算，学生没有任何自主性，只能被动接受教师的评价结果，也没有参与评价的权利，新评价标准则改变了这一现象。

（5）公共体育教学评价标准"以生为本"的缺失

传统的公共体育教学评价通常采用统一的评价标准，以标准化要求作为评价学生体育课的唯一标准。这种评价标准，限制了公共体育多样化的发展，必然会影响学生的发展。同时，这种统一标准评价模式注重的多是结果，忽略了学生在公共体育学习过程的基础特长和努力的过程，打击了学生学习的积极性。

3. "以生为本"评级改革策略

（1）公共体育评价价值取向

人本化公共体育教育评价的内容和标准属于集体行为，与体育主管部门和领导者的意识有十分重要的关系，教师和学生通常仅是教学目标的执行者。因此，公共体育教学评价的内容和标准的设置要符合学生的实际。相关部门和领导者在制订评价体系时，一定要认真组织，深入研究。在新的"以生为本"的教学理念下，教学评价必须要重视学生的主体性，不能走过场，流于形式。

（2）公共体育教育评价内容全面化

在对公共体育教育进行评价时，在坚持"以生为本"评价时，也要重视对教师和学校的评价，实现评价内容多元化。对于学生的评价，不仅要评价学生体育技能的掌握情况，也要评价学生通过体育课的学习，体育理念、综合素质的变化情况。评价时要尊重学生的个性，充分体现公共体育教学"以生为本"的基本理念，以便能够从学生受教育的各个方面进行全面评价。除此之外，还要对学校和教师进行评价，对于教师的评价，既要评价教师的体育教学效果，也要评价教师的体育理念和体育素质；对于学校评价，既要评价学校的体育硬件设置，也要重视软件建设，特别是对学校为学生提供的体育氛围等。

（3）公共体育教育评价方法多样化

公共体育教学的评价方法多样，要坚持"以生为本"，要能够根据学生的个体差异、兴趣及风格等进行多样化的评价。同时有效地将这些评价方法结合起来，取长补短，统筹运用。具体来说，可采取下述几种评价方法：第一，自我评价与他人评价相结合的评价方法；第二，终结性评价与形成性评价相结合的评价方法；第三，定性评价与定量评价相结合的评价方法。

（4）公共体育教育评价主体多元化

目前，对于公共体育教育评价都是以教师为主的单一性主体，这种评价方式相对片面，难以真实客观地评价学生的体育成绩。由于教师是管理者，学生是被动地接受知识，在体育教学评价中没有主动权，只能被动地接受教师的评价结果。基于此，应该让学生参与到评价中来，通过学生参与评价提高学生的主体地位。学生通过自我评价和互评，不仅能够让学生深入了解自己的学习情况，还能促进师生的交流与沟通，形成民主、平等的评价关系，既确保了评价的合理性、真实性，也能使学生从心里认同评价结果。

（5）公共体育教育评价标准多元化

对于每个学生来说，由于成长的环境、背景、个性、爱好等方面存在一定的差异，公共体育教学采用单一的评价标准难以客观、全面地评价每个学生，因此，采取多元化标准对公共体育教学效果进行评价更合理、更科学。制订的评价标准要充分考虑学生的个性，体现"以生为本"的教育理念，除此之外，还要充分考虑公共体育评价标准设计的公平性、规范性、可操作性等，以使公共体育评价结果更具有可信度和公平性。

第三节　体育教学课程改革与体育文化建设

一、体育教学课程改革

（一）体育课程教学的理念

体育课程的定位着眼于新世纪对人才素质的需求，注重"以人为本"，强调以学生的学习、发展为教学中心，以"健康第一"作为教学的指导思想。体育课程教学中，要求学生进行主动学习，倡导学生主动参与、乐于探究、勤于动手，培养学生体育能力和进行体育锻炼的良好习惯，树立终身体育的运动意识，教师在课程教学过程中的作用是引导、帮助学生对体育知识、运动方法和动作技术进行学习。

体育课程强调学生作为课堂教学的主体地位，重视教师的主导作用，在教学过程中为完成共同的教学任务，实现共同的教学目标进行知识技能的传授、研究和探索。体育课程的教学要在继承与发扬传统体育教学成功经验的基础上，实现知识与技能、过程与方法以及情感态度与价值观三个维度的整合。

强调知识与技能、过程与方法以及情感、态度与价值观的整合，体育课程打破了学科的本位主义限制，删除了"繁、难、偏、旧"的内容，改变了过于重竞技运动的状况，加强了课程内容与学生生活以及现代社会和科技发展的联系，让课程回归现实生活。新课程教学注重理论与实践的结合，体育运动与健身方法的结合强调体育锻炼与日常生活的融合，使学生学会了学习的方法，培养了其体育锻炼的习惯。综合应用多学科理论进行教学，促进了学生身体的健康发展。现代科学发展越来越呈现综合化的趋势，无论自然科学还是人文科学，各学科之间往往相互影响，产生了新的边缘学科。

（二）体育专业核心课程与特色课程设置

1. 专业核心课程

（1）运动生理学

运动生理学是运动人体科学最基础的课程之一，主要内容是在体育活动的影响下，人体生理功能，特别是青少年生理功能与年龄、性别与体育锻炼的关系。

（2）体育保健学

体育保健学的主要内容是人体保健的基本规律和中国传统保健的基本理

论和方法，以及人体在运动过程中的保健规律和措施。要求学生掌握常见运动创伤的预防、处理的知识和技能。

（3）学校体育学与体育教法设计

此课程主要讲授体育和体育科学的概念；体育和政治、经济及其他社会现象的关系；体育在我国社会主义现代化建设中的地位、作用和意义；体育的基本手段和管理体制。让学生了解学校体育的地位和目标，体育教学、体育锻炼、课余训练的原理、原则、方法和学校体育研究的内容等。

（4）田径

此课程主要讲授短跑、跨栏（障碍跑）、跳高、跳远、标枪、铅球等的基本知识、基本技术、基本训练方法。要求学生掌握运用田径运动增强体质的方法，具备组织、指导竞赛和管理等方面的能力。

（5）体操

此课程讲授队列队形、基本体操、单杠、双杠、支撑跳跃等的基本理论知识、基本技术。通过对体操运动和技能的学习，全面提高学生的身体素质。让学生掌握中学体育教师必备的体操教学和组织小型比赛的能力。

（6）篮球

此课程主要讲授篮球运动的运动规律及基本理论知识、技能和方法；篮球运动发展的概况、技术、战术、规则，以及篮球的竞赛和裁判方法。通过学习，使学生具备中学篮球教学和组织小型比赛的能力。

2. 专业特色课程

（1）裁判训练

运动竞赛的组织与裁判能力是体育专业学生专业能力及水平的重要体现，如何组织竞赛，胜任一名合格的裁判，不管是在学校体育工作中还是在社会体育工作中，都十分重要。结合校内外各项体育赛事，进行理论学习与实践培训，要求学生至少掌握本人所选两项专业课程竞赛规程制定及裁判工作方法。

（2）资格证书培训

资格证书培训是应用型人才培养的有效途径，内容包括二级裁判员培训、二级社会指导员培训。其目的是对体育教育专业学生进行素质拓展训练，让学生通过考试获得社会认可的专业资格证书，以适应社会对体育专业人才的要求，拓宽体育教育专业学生的就业渠道。

二、体育文化建设

（一）体育文化的内涵

校园体育文化是在学校接受和学习体育教育的过程中所获得的精神财富和物质财富的集合。校园体育文化是体育文化下的一个子系统，以学生为核心、以学校环境为空间，传递体育文化活动，彰显校园精神的一种集群文化，涉及体育意识、体育行为文化及体育物质文化三方面的内容。

（二）校园体育文化的特征

校园体育文化特征是指校园体育文化与其他文化区别开来的独有特征，主要表现在三个方面：首先，校园体育文化是隐含的。校园体育文化以间接隐含的方式呈现，无意识地影响学生。大学生在体育文化环境中学习和生活，他们会无意识地接收有关体育文化的信息，受到感染影响，潜意识中完成了文化的心理积淀，并将其逐渐转变成自己的行为。其次，校园体育文化是独立的。校园体育文化是校园里的人参与体育活动所形成的文化，它的主体和所存在的环境都是比较特别的，这一主体的知识储备和能力素养都非常高，他们在接受传统文化教育的同时，还借鉴了国外比较优秀的文化，这样一来就慢慢形成了有自身特色的校园体育文化。最后，校园体育文化是多元的。校园体育文化所独具的优势促进了校园文化的多样性、丰富性和多彩性。

（三）校园体育文化的功能

校园体育文化的功能主要体现在四个方面，具体如表 3-3-1 所示。

表 3-3-1　校园体育文化的功能

功能	具体解释
教育功能	校园体育文化是实现教育培养目标的载体，在体育文化活动中，大学生必然受到团结协作、遵纪守法、勇敢顽强等优良品质和高尚道德情操的影响
情操陶冶功能	校园体育文化可以理解为一种校园环境和文化的氛围，其作用是通过体育文化氛围的营造来陶冶大学生的情操，规范大学生的行为
心理疏导功能	校园体育文化活动形成的氛围可以帮助大学生消除心中的不良情绪，减少内耗
社会实践功能	校园体育文化活动加强了大学生之间的交流，既可增进同学之间的友谊，又逐步使其学会自我管理，不断增强自主意识、自强意识，提升社会责任感

（四）素质教育与体育文化的表现形式

校园体育文化活动一般都是通过休闲运动的形式开展，即在假期或休闲时间进行的体育活动。学生的体育活动主要包含有组织地跑早操、进行课外体育活动、校内外体育交流和学生自行组织的活动。这不仅提高了学生自我锻炼的能力，也促进了健身和相关知识的掌握。体育文化的多元化理论和丰富的内涵证明，人类的自身发展与体育密不可分。体育素质教育最核心的任务就是促进终身教育的开展，大学生体育教育的主要目的是使学生在学习敏感期和形成世界观的过程中接受体育理念，传承健身文化，形成终身锻炼的意识。因此，营造校园体育文化的健康氛围、推广终身体育理念、培养高素质人才是当前体育教育亟须完成的任务。

（五）校园体育文化建设

1. 增强校园体育意识

校园体育文化的主要任务是组织积极、健康、向上的校园体育文化活动，抵制低档文化和不合理的文化进入校园，指引校园文化迈向健康的发展方向，营造和谐、良好的校园体育氛围，强化体育意识、观念和体育精神，增强学生健康意识，提升其身体素质。

2. 建设校园体育文化行为

意识文化与行为文化两者相互交融形成了体育文化，体育文化最根本性的表现就是开展体育锻炼，刺激人体机能和生理机能的发展。通过运动体验带来的乐趣是它的另一个重要功能，实践表明，科学锻炼有助于强身健体和情感培养。

3. 建设校园体育物质文化

人对自然物质的组织、改造就是校园体育文化中的物质文化。校园体育本身的物质基础是人们思想文化的载体，它是人们运动知识、运动精神和智慧的结晶，是人们意志、情感和价值观的展现，属于一种文化现象。学校的运动场馆和相关器材、设施都是校园呈现的亮丽风景，保护和合理利用它们是建设校园体育文化的重要内容，也是当代大学生文明行为的体现。

现阶段，我们国家的大学校园体育文化还需要解决以下问题。

一是场馆不足，利用不尽合理。随着大学的逐年扩招，各高校招生规模成倍增加，体育场馆建设因种种原因无法跟上学生数量的增长，有的甚至被修建校舍占用，场馆比过去减少。在大学新校区建设过程中，已逐渐显现老校区"人多场地少"、新校区"人少场地多"的不合理局面。

二是适合大学生健身、娱乐的体育项目开发不充分。进入新时期，由于社会环境变化，大学生的体育健身项目、方式等诉求逐渐发生了变化。因而创建与改革适合大学生群体喜闻乐见的体育项目，并以此为载体促进学生终身体育锻炼，是当前大学校园体育文化建设的重要任务。例如，我国一些地区悄然兴起气排球运动热，带动了相关高校的气排球教学。

三是高校体育文化特色不鲜明。高校体育文化建设只有形成特色与品牌才能持续发展，特色建设应充分考虑当地的地理、气候、人文、历史、风俗等自然、社会环境，如北方的冰雪项目、南方的水上项目、民族体育项目等。

（六）基于人文素质教育的体育教学改革策略

1. 加大理论教学力度

体育必须面向全体学生，确定和尊重学生的主体地位，加强理论教学，通过滴灌式理论教学让学生发挥主观能动性，促使学生在人文教育理念的指导下主动地、富有个性地学习。要重视个体发展，开展生动的、活泼的、充满乐趣的体育教学，注重学生的情绪生活和体验，重视对学生的价值引导和人格养成。体育教学要由重实践向理论与实践并重的方向转变，通过健康知识的传授，致力于提升学生的体育文化素养和健康素养，最大限度地发挥体育的教育功能，促进学生身心的全面发展。

2. 构建科学的体育教学机制

教学原则是教学理论工作者通过总结教师长期的成功经验而制定的。正确的教学原则符合教学规律，但不是规律本身，而是人们对规律的认识。在人文素质教育理念的指引下，在高校体育教学改革中应跨越重运动技术、轻身心健康这道门槛，重新认识体育学科，对体育教学的实质进行分类，以体育活动为主要手段，以增进学生身心健康为主要目的，构成全新的体育教学基本框架。要让体育教学既有必修，也有选修；既有技术学习，也有理论学习。学生对体育课的自主学习得到加强，初步建立体育教学资源共享机制。

3. 改革体育教学方法

应充分利用现代化教学手段，推动体育素质教育的迅速发展。使用现代化多媒体教学手段，发挥多媒体的声像、动感、色彩等优势，使理论课内容更加丰富、翔实，使实践课的示范更加连续、标准和形象。大力推广、应用能调动学生积极性和能动性的方法，如培养创造性思维的发现教学法、因材施教的程序教学法、运动处方法、情景教学法和声像教学法等。要适应世界潮流，以启发式代替注入式，从重教到重学，尊重学生的主体地位。加强实践性教学，运用高科技教学手段，提高教学效率。

4. 创建体育教学平台

将研究性学习这一理念运用到高校体育教学改革中，目的就是创建以健康第一、注重人文素质教育为指导思想，以育人为目标，以终身体育为主线的新型体育教学体系。研究性学习的实质在于教学思想的转变，是一种以提高学生创新精神和实践能力为主要目的的学习方式和课程形态。要注重学生情感优先发展，强调培养学生的创造力，尊重学生的主体地位，营造生动活泼的教学气氛，培养学生的创新精神和实践能力，重视学生的多种收获与体验，有效提高体育教学质量，促进学生全面发展。要创新教学过程，优先创建教学平台，创建面向全校为公共平台的课程，创建融入其他专业为基础平台的体育课程。要设立体育教学课程组，由课程组负责平台课程的建设和教学管理，按精品课程标准进行建设。

5. 优化体育课程设置

当前体育教学大纲和教材的建设尚需完善，要选用高质量的国家统编教材，提高体育教学整体水平。高校在修订教学内容时要以强身育人为目标，力求使课程内容贴近学生未来的职业与生活，适应社会发展的需要。课程内容应淡化竞技，重视对学生身心、个性的发展。可以增加健身体育、传统体育、生活体育、休闲体育等体现兴趣性和实用性的课程，要更新和充实体育理论教学，增加体育人文社会学、体育养生保健学、运动处方等知识传授，提升学生的体育文化素养。打破学科壁垒，打破必修与选修界限，必修中有选修，选修中有必修。打破主修与辅修界限，主修当中有辅修，辅修当中有主修，教学改革的深化对教师的业务水平也提出了更高的要求。为此，应采取多种形式提高教师的业务素质，可根据教师的实际情况，有目的、有计划地选派一部分教师到体育学院短期进修，也可组织教师在职学习进修，还可报考上级学校继续深造等，以加强队伍建设，提高体育教师的整体水平。学校可根据国家有关规定制订达标标准，促进教师多学习一些理论技术、实际操作的本领。多方努力，真正形成教学型、训练型、科研型教师队伍结构。

6. 完善体育评价体系

教学评价的内容应主要包括教师评价、学生评价、教学过程评价、教学管理评价以及课程评价五个维度，并且每个维度又根据要求划分出不同的层面，在不同的体育教育阶段，内容与要求应各有不同。同时，体育教学评价内容还应具有延续性，以实现评价的整体性与系统性，在实践中逐步构建促进学生发展与教师成长的发展性体育教学评价体系。要加大课外活动的开展力度，大力支持、完善体育社团的活动。多开展一些学生喜闻乐见的活动，如冬季长跑、校园定向越野等。

第四节　体育教学的人才培养创新研究

一、高校体育人才培养改革方案构建

（一）体育人才培养改革的两个维度

从高校内部教育教学改革的相关实践层面来讲，体育人才培养改革通常会受到两个因素影响：其一，体育教学设施设备条件与师资条件；其二，体育教学的开展方式或者是培养的模式。从设施设备条件与师资条件的角度来讲，人们重视的是人才培养模式改革中设施设备条件所发挥的基础作用与保障作用。现阶段，在改进体育人才培养模式的问题上，还没有足够重视师资条件所发挥的关键性作用。一般来讲，在体育人才培养方面，师资队伍通常会发挥出如下两个方面的重要作用。

（1）在体育教育教学规律方面，师资队伍所表现出的认识水平与理解水平。在对体育人才培养目标进行选择的时候，肯定少不了体育教育思想的支配。然而，在体育教学改革的实践活动中，并不是所有教师的教学改革思想与实践都能够同体育教育教学的规律相符合。例如，不少体育教师的观点是：只要体育教师讲了，学生就能够学会，因此如果想要学生对某些东西进行学习，就必须开展体育课堂教学活动，导致课堂讲授占据了大部分体育教学的时间，这一点同体育教育规律明显是不相符的。

（2）体育教育教学工作具有科学分解学校目标、学院目标、系目标或者专业目标，同时依据这些目标对体育课程教学活动与体育教育教学活动进行设计，并且客观地评价目标实现情况的能力。因此，使体育教师与体育管理者自身的教育教学理论与方法水平得到提高，使体育教师与体育管理人员的专业化水平培养得到加强，与体育人才培养之间存在着非常密切的关系。如果体育管理者与体育教师对上述两个方面的内容做得不够好，就会直接导致体育人才培养模式和体育人才培养方案之间不能互相适应，想要提高体育人才质量就难上加难了。

不同的学校类型与学科专业性质有着不同的体育教育思想观念与价值观念，这导致在体育教育方式与体育人才培养模式的认识上也会表现出一定差异。体育教育教学方式与体育人才培养模式相比，前者所受的关注要比后者多得多。由于总体上体育人才培养模式的泛化与模糊，体育教学过程与体育教学环节不能够同步，导致体育人才培养质量提升的方向与目标逐渐丧失。所以，体育人才培养模式不仅是体育教学改革的重点内容，也是体育教学质量的重要保证。

（二）体育复合型人才创新培养的方案设计

在我国高校体育复合型人才创新培养方案的设计中，首先应该针对创新体育人才培养模式，积极开展对全校范围内的教育思想讨论，使体育教师与学生对其能够正确理解。而所谓的创新型体育人才培养模式，主要指的是培养目标为创新体育人才，基本导向为通过对学生创新性思维与创新性思维的引导，使其创新意识、创新能力与创新精神得到提高的体育教学内容与方法体系的总称。

在对我国高校体育复合型人才创新培养方案进行设计的过程中，高校应全面贯彻党的教育方针与体育工作方针，全面推进素质教育，将学校的办学特色与办学优势充分体现出来。按照学校的体育人才培养目标，集成或者整合已经获得的体育教学成果，对体育教学课程体系进行优化，对体育人才培养的新模式与新机制进行探索，促进学生同新时期我国社会主义现代化建设的需要相适应，提升学生实践能力、创新精神与国际竞争力。

（三）构建指导性课程体系结构

创新人才培养方案由通识教育课程、学科基础课程、专业课程、实践教学、奖励学分构成（见图3-4-1）。

（四）构建体育创新型人才的培养模式

近年来，针对体育创新型人才培养模式，学校进行了不断的探索与完善。依据《普通高等学校本科专业目录》，学校对二级专业类的相关专业实行了新

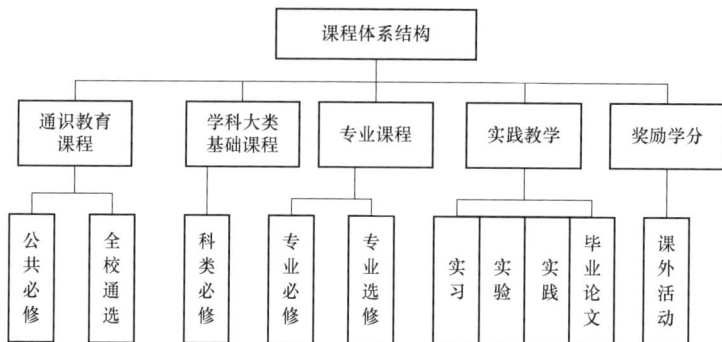

图 3-4-1　创新人才培养指导性的课程体系结构

的培养模式，即打通基础课，积极鼓励各院系设立跨专业、跨学科的各种实验班。截至目前，我国大部分学校已经对多个跨专业、跨学科的试验班进行了尝试，如体能训练试验班、足球裁判试验班、高尔夫项目管理试验班、体育新闻试验班、体育媒体公共关系试验班等。

单一专业的界限被跨专业、跨学科教学实验的模式打破，使多个相关学科的交叉渗透得到了加强，使体育课程体系与教学内容得到了重新调整，高度重视培养体育创新型人才的科学精神、创新精神与人文精神，并且也获得了理想的成绩。

其中，体能训练试验班的设立满足了国家竞技体育的需要，培养了各级运动队都需要的体能教练员；体育媒体公共关系试验班的设立是为了使各类体育组织公关事务的需要得到满足，推动体育创新型人才的培养方向朝着德、智、体、美的方向和谐发展；同体育公共关系一样，体育新闻试验班能够培养出在体育各类组织、其他体育事务部门开展工作的专门性人才，这些人才可以从事的工作有很多，如发布新闻与形象推广、体育公关文秘和协作、事件营销和媒体写作、危机公关等。

如果学生具有较好的文化基础，就可以对体育媒体公共关系进行学习；高尔夫项目管理试验班的设立是为了对新的领域进行开拓，满足学校专业建设的需要，以便给学生创造更加广泛的就业空间，主要目标在于使学生能够对高端运动的基础知识、基本技术有所了解、掌握，使他们能够对这些知识与技能熟练运用，培养高尔夫管理工作的应用型人才。

二、体育人才创新培养的细则

（一）完善体育课程实践教学体系

1. 科学设置体育课程实践教学体系

近年来，加强培养学生的体育实践能力已经变成一种世界高等教育改革的主要趋势。各级学校制订了一系列相关文件，明确提出了体育教育实习过程管理的要求、体育教学实习的组织管理要求、体育教学实习考核总结要求等。

同时，专门规定了实习实训工作的经费问题，实行三级教育实习质量监控体系，对照学生培养要求，聘请实习基地中具有丰富体育实践经验专家，请他们担任学生实习指导教师；学院领导巡回检查，队部主任定点负责，保障实习结果与实训结果。

按照本专业的特色，各个院系制订了专业特点鲜明的实习工作管理规定。在具体的实践过程中，体育教育专业对全新的实习、实训工作体系进行了探索，即"三个阶段"与"一个平台"。其中，"三个阶段"主要内容为：第一阶段，在体育实践教学活动开展的过程中，对学生基本教学能力要加强培养；第二阶段，在体育实习活动进行的过程中，全面化地培养学生的综合教学能力、科研能力、工作环境的适应能力；第三阶段，学生能力中的薄弱环节会通过体育实习活动的开展暴露出来，能够得到及时改进。而这里面所说的"一个平台"，主要指的是对体育基地教学实验与科研平台进行建设。

在体育教学的实践活动中，这一工作体系所取得的成效是非常明显的，培养了学生扎实的体育教学基本功与较高的专业技能水平。学校体育实习与实训工作同实际紧密联系在一起，使学生的体育基本技能得到强化，能够明显促进学生体育实践能力的提高。

2. 培养学生的体育科研能力

从体育科研能力培养的问题上来讲，学生的毕业论文和科研能力应该紧密联系在一起，通过学科优势与资源优势对学生进行鼓励，同时与体育运动实际和科研活动有机结合在一起，将体育综合性的专业训练与初步的科研训练作为主要目标，实施导师负责制度，和体育教师一起，利用设计实验、学期小论文、毕业论文等方式攻克课题研究，使学生的体育科研能力得到提高。

同时，相关的一些运动项目管理中心建立了科研工作站，创造了培养学生体育实践能力与创新精神、较早参加创新活动与科研活动的有利条件。

3. 创建适应市场需求的教学体系

体育课程实践教学平台能够对包含三个层面内容的体育课程实践教学体系进行构建，这三个层面主要指的是体育基础实践教学、体育专业实践教学和体育综合实践教学。所谓的体育基础实践教学，主要目的在于对学生的体育基本技能与基础实验能力进行培养；所谓的体育专业实践教学，主要是同培养方案中的体育专业基础课程与学科相关的专业实验、课程实践、毕业论文、各种各样的实习实训工作等相对应；而所谓的体育综合实践教学，通常包含一定的素质拓展内容，一般会同培养方案中公共选修课程相关，或者是同课外科技活动相关联。

（二）构建培养实践创新能力的平台

1. 对实验室加强建设

本科生创新实验室作为教学环境，能够使学生的实践能力与创新精神得到良好的培养。同时，相关实验室或者教学实验中心的建成创造了良好的平台，以供学生科技创新活动、实践训练活动、课外科技活动与学科竞赛活动的顺利开展。建立创新教育与实践培养基地，开展科技创新活动，对当代大学生实践能力及解决问题的素养培养是十分重要的。创新教育与实践培训基地，为学生搭建了一个有益于科技创新活动开展的良好平台，使学生的聪明才智与创造潜力得到充分发挥，促进了科技创新人才的培养，使高水平科研成果最大限度地发挥作用。

2. 营造创新教育氛围

实施对本科生的科研培训计划，对学生的创新能力进行培养。将高校学生的学科竞赛作为重要媒介，开展丰富多彩的创新实践活动。

三、体育创新人才素质培养途径

（一）体育创新人才具备的基本素质

体育创新人才培养的一个最基本要求就是树立正确的人生观，这同样也是形成创新意识的主要动力和源泉。

体育创新人才培养的催化剂是集体协同能力与良好的意志品质。意志作为一种行为准则，能够使人自觉确定目标，同时对自己的行为进行调整与支配。

（二）体育创新人才的培养途径

1. 构建创新思维机制

（1）发散思维大量参与。在创新思维中，不仅有发散思维的存在，还有聚合思维的存在，可以说创新思维是发散思维与聚合思维的统一体。在每一项技术革新开展的过程中，需要先对自身已有的知识与经验进行利用，对于种种需要改进的方案进行设想，这就是发散思维；之后再通过论证与实践，选择最佳方案，这就是聚合思维，其与发散思维都是不可或缺的。

（2）将灵感成分掺杂其中。对于思维创造而言，灵感就是其"闪光点"，这也是创新思维的主要特征之一。百思不解的难题，由于妙思突发的灵感而被即刻解答。灵感不仅具有瞬时性、突发性特点，还具备一定的规律性。灵感产生的主要条件是对需要研究的问题，个体应该进行较长时间的思考，思维需要达到饱和的状态。当思维紧张的阶段过去，个体处于悠闲、精神放松的状态时，灵感就可能出现。

2. 把握创新思维过程中的环节

（1）形成创新思维的基础是对传统教学观念进行更新。

（2）培养灵感。

第四章 体育教学方法与教学模式改革

本章为体育教学方法与教学模式改革，依次介绍了游戏教学法在体育教学中的运用、程序教学法在体育教学中的运用、分层教学模式在体育教学的运用、运动教学模式在体育教学的运用、翻转课堂模式在体育教学的运用及俱乐部模式在体育教学的运用六方面内容。

第一节 游戏教学法在体育教学中的运用

一、游戏教学概述

（一）游戏教学的指导思想

在运用游戏教学法时，我们需要充分体现教学过程的双边性，关注教学过程中教师与学生的状态，以实现教师的主导作用和学生的主体地位。在学习体育知识和技能时，我们应通过巧妙选择游戏活动来设计教学内容，不能一味刻板地灌输知识，注重让学生通过游戏真正感受和领悟正确的动作要领，并建立相应的知识体系。贯彻落实"健康第一"的指导思想，将学生身体健康放在首位，不能只关注成绩的好坏，要营造轻松愉快的学习环境，让学生在愉悦的氛围中积极参与进来，从而促进他们全面健康发展。

（二）游戏教学的教学目标

游戏教学的目标在于激发学生对体育学习的动力和兴趣，培养其良好的体育学习态度，让学生积极主动地参与到体育学习中来。通过增加体育教学的趣味性，能够激发学生对体育学习的热情。在体育教育中，游戏教学能够创设情境，让学生在轻松的氛围中积极参与，充分发挥他们的主动性和创造力，提高学习效果。同时，游戏教学也可以加强师生间的互动与合作，促进学生之间的协作和团队精神的培养。通过游戏教学的实施，我们能够培养学生的多方面能力，使他们在体育学习中获得更好的发展。

（三）游戏教学的教学评价

体育教学评价是基于体育教学的整体目标和原则，运用系统科学的方法对教学过程和学习结果进行预测、价值判断和评估的过程。评价对象包括教学过程和学习结果两个方面，对学生学习的评价是体育教育评价的重要组成部分。

诊断性评价和终结性评价两种评价体系是体育教育的游戏教学中常采用的两种评价方式。

1. 诊断性评价

诊断性评价在研究开始阶段用于评估学生的学习准备情况和影响学习的因素，其主要目的是检查学生的学习准备情况，如果准备充分，可安排相对饱和的学习内容；如果准备不充分则另作安排。

游戏教学法在体育教学的准备阶段引入了诊断性评价，体育教学开始前对学生进行评估，检测他们现有的能力状况、个性特点、心理特征和技能水平等，为学习小组的划分提供数据参考。

游戏教学法的诊断性评价以心理指标测试、专项技术测试（技评、达标）和专项身体素质测试为主要内容。

2. 终结性评价

在一个大的学习单元或一门课程结束时对学生学习结果进行的评价即为终结性评价。该评价对学生的综合情况概括程度较高，以对学生在某一学科整体掌握程度的评估为重点。因为终结性评价的测验范围广泛，所以该评价一般在学期末进行。

验证学生对所学知识和技能的掌握程度，评定学生学习成绩以及教学目标的实现程度是终结性评价的主要作用，其为对学生的后续学习进行预测和判断，为新教学目标的制订提供了依据。

（四）游戏教学的教学过程

游戏教学的具体教学过程如图 4-1-1 所示。

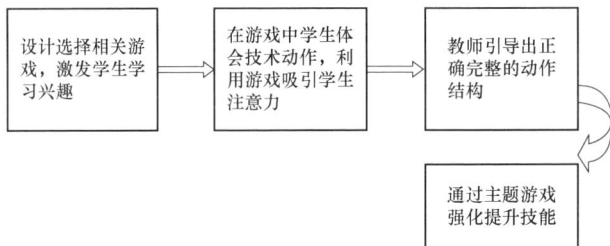

图 4-1-1　游戏教学的教学过程

（五）游戏教学法的教学特点

在教学过程中，教师将教学内容按照一定要求和目的分解，形成具有娱乐性、情节性和竞争性的活动。通过一定的规则由简单到复杂，引导学生进行多样化创造性的学习是游戏教学法的主要特点。游戏教学可以激发学生的学习兴趣，在一定程度上帮助学生提高身体素质，对教学效果起到优化作用。体育教学包括运动技能的学习、情感和态度的学习与转变等，如果体育教学过度偏向某一方面，就会对教学效果产生不符合预期的影响。传统教学法常常忽视学生对运动情感体验、兴趣、学习态度的关注，而只关注运动技能的准备。因此，游戏教学法在体育教学中具有重要的意义，其能够全面促进学生的综合素质发展，提升学生在体育学习中的主动性和积极性。通过灵活运用游戏教学法，可以充分考虑学生的情感需求和兴趣点，提升教学的质量和效果。

二、在体育教学中应用游戏教学法的研究

（一）体育游戏的理论研究

1. 游戏及体育游戏

在人类社会的早期阶段，游戏被当作一种教育手段，人们通过游戏向年

轻的生产者传授各种生产和生活经验。

由于游戏与生产和生活存在着相互依存的关系，早期人类通过游戏使年轻的生产者更快、更早地适应实际生活。随着物质生活条件的改善，游戏也得到了发展。体育游戏是游戏的一个重要分支，最初的许多游戏，经过演化，成为现代社会中受欢迎的体育项目。

体育游戏的定义有多种不同阐释，本书中所采用的定义是：体育游戏是一种有组织、按照特定目的和规则进行的体育活动，具有意识、创造性和主动性。本书的目标是在保持游戏本身特性的同时，实现技术教学或辅助教学。

2. 体育游戏的特点

体育游戏既能展现游戏的通用特征，又能突显体育的主要特点。人体完成基本体育动作是体育游戏的重要内容，体育游戏是一种将人的综合发展融入娱乐氛围的方法，这种方法为教学和人的发展增加了趣味性与活力。以下是其主要特点。

（1）娱乐性。游戏的核心要素是娱乐性，任何一种游戏如果不具备娱乐性，在严格意义上来讲就不能被称为游戏，体育游戏也不例外。在体育教学中，适度运用体育游戏增加体育课堂的活力，提升学生的兴奋度，可以有效调动课堂活跃程度。娱乐性可以使教师和同学积极参与到体育课堂的教学环节中。

（2）普及性。体育游戏提供了丰富多样的内容，能够满足不同性格的人对游戏的需求。每个人都可以根据自己的喜好来选择适合自己的游戏，从而获得更多的乐趣和满足感。体育游戏的多样性让每个人都能找到适合自己的活动形式，无论是竞技性的团队游戏，还是富有创意的个人挑战，都能够满足人们对游戏的不同追求。教学也是如此，针对不同的教学内容、学段和学生，可以选择或创造适合的体育游戏，从而达到优化教学效果的目的。

（3）规则性。体育游戏的规则性是一个复合性的概念，它既可以继承传统游戏的规则，也可以通过不断创新来实现自我发展。体育游戏规则性的目的在于满足不同需求的变化。在体育教学中，游戏规则起着重要的作用，它确保了教学的有序进行，有助于顺利实现教学目标。游戏规则可以提供清晰的指导和界定，帮助学生理解游戏的目标和要求，并在游戏进行过程中培养学生的合作精神、竞争意识和团队协作能力。同时，游戏规则也可以根据教学需要进行调整和创新，以适应不同学生的能力水平和兴趣爱好。通过合理设计和运用游戏规则，体育教学可以更加灵活多样，激发学生的学习兴趣，促进他们的全面发展。

（4）竞争性。竞争性是一种强大的激励因素，它能够有效调动人们参与体育游戏的积极性，激发参与者的竞争意识和求胜欲望。

3. 体育游戏教学法与体育教学特点的联系

为满足高校学生的需求，体育课需要有一定的量和强度，然而传统的教学方式往往无法满足这种需求。在高校体育教学中，游戏教学模式与学生的需求相吻合，能够有效地实现高校体育教学的目标。

4. 在体育教学中体育游戏的作用

体育游戏对于体育教学具有重要意义，具体体现在以下几个方面。

（1）对教学的有效辅助作用。在体育课的准备阶段，学生往往缺乏激情，因此，应用游戏教学法变得尤为重要，它能更好地满足学生对体育课的需求。游戏教学法能够帮助学生在愉快的氛围中热身，提高他们对体育活动的积极性。通过游戏教学法，学生可以对参与体育学习产生兴趣，激发他们学习体育的动力。因此，在体育课准备阶段采用游戏教学法对于有效进行体育课的核心部分非常重要，对学生的发展具有积极影响。传统的体育课教学方法单一，主要依靠口头传授，难以激发学生的学习热情，而通过游戏教学法，能够迅速提高学生大脑的兴奋程度，使他们更加专注，通过游戏完成对旧知识的复习和新技能的学习。这样，在轻松愉快的游戏氛围中，学生能够逐渐掌握困难技术动作，而不再因为恐惧而退缩。特别是通过精心设计的有针对性的游戏，对学生学习新、难技术动作更为有益。

（2）强化了体育课健身功能。游戏教学法可以提高学生对体育课学习的积极性。通过在体育课中学习体育知识和技能，学生可以养成进行体育运动的习惯，这对于提升体育课的教学效果和促进学生的身体健康具有重要意义。

（3）赋予体育教学娱乐功能。传统的体育教学方法单一，使人感到疲惫和乏味。游戏教学法使传统枯燥的教学变得有趣。通过合理运用游戏教学法，教师能够将学习内容转化为富有挑战性和趣味性的游戏，激发学生的学习兴趣。学生在游戏教学中体验到娱乐氛围，激发了他们强烈的兴奋感，并积极参与体育课中的知识和技能学习。这种教学方式使得体育课教学达到了满意的效果。

（4）拓宽了体育课的教育功能。学生在积极参与体育游戏性教学时需要遵守规则。游戏的内容和形式多样，参与方式多样。此外，体育游戏的结果判定通常基于速度、质量、数量等标准，这使得体育游戏具备更多教育功能。体育游戏培养了学生积极参与公平竞争的精神。体育游戏的参与者对游戏结果产生强烈的获胜欲望，但游戏规则要求他们公平竞争、团结协作。遵守规则正是现代社会所需的品质。体育教学中广泛应用集体性体育游戏，不仅有利于学生思维的启发和创新能力的开发，而且有效地培养了学生的团结协作精神。

（二）体育教学中游戏的选择原则

在采用游戏教学法时，正确选择和应用适当的游戏是必须的。这些选择直接影响着体育课的教学效果，其需要遵循以下几个原则。

1. 体育游戏内容健康向上

在游戏教学中，要精心挑选适合学生的游戏形式和内容，确保其积极正面。在游戏的选择上，教师需要深入了解游戏的规则，以确保它与教学目标相一致。

2. 体育游戏具有趣味性

在体育教学中，教师应注重选择那些兼具竞争性和趣味性的游戏，以确保学生能够乐于参与。这样的游戏能够激发学生的学习兴趣，提高他们的动手能力、协作能力和解决问题的能力。通过参与体育游戏，学生能够更加主动地参与体育锻炼，培养自信心和团队合作精神，并在轻松愉悦的氛围中提升自己的体育素养。

3. 体育游戏具有教育意义

学生参加体育游戏能有效锻炼身体、提升运动技能，这是体育游戏的一个重要作用。在选择体育游戏时，不仅要考虑学生身体方面的需求，更要注重游戏的教育功能,选择缺乏教育意义的游戏对于体育教学来说是不合适的。通过参与体育游戏,学生能学会与人交往及合作,更可以拓展思维和创新思路,以应对多变的竞争环境。只有这样的体育游戏才能与体育教学目标相一致,实现全面的辅助教学功能。

4. 体育游戏富有针对性

在体育教学中,实施游戏教学法的首要目标是确保游戏能辅助教学。为此,选择的游戏应便于参与,突出目的,既能保持游戏的内涵,又能有效地实现教学目标。选择过于复杂的游戏会使学生过多地投入游戏之中,浪费了大量课堂教学时间。在游戏选择和设计上应注重简洁性和目标导向,确保游戏教学法的有效性。为了取得事半功倍的效果,应注重针对性和利用效率。在准备课堂阶段,选择既激发学生对体育课学习的热情,又有效地预热重点肢体关节的体育游戏;在基础部分,选择既能有效复习旧知识,又能成功传授新知识的游戏;在结束部分,选择放松身心为目的的游戏,使学生以平静的心态进入下一阶段的文化知识学习。这样的游戏选择将达到事半功倍的效果。

5. 体育游戏充满安全性

在实施游戏教学法时,体育游戏的选择必须首先考虑学生的安全性。在进行体育游戏时,教师需要高度集中注意力,提前进行有效的安全教育,确保学生了解并遵守安全规则。此外,教师还应合理选择、布置和使用体育器材,确保其符合安全标准,并对器材进行定期检查和维护,以防止意外事件的发生。

同时,教师还应关注学生的身心发展状况,合理安排活动的强度和难度。根据学生的年龄、体能水平和健康状况,教师可以适当调整游戏的要求和规则,确保每个学生都能够参与进来并享受游戏的乐趣。

此外,教师还需要掌握游戏节奏,及时发现并应对学生可能出现的过度兴奋情况。通过巧妙引导和控制游戏节奏,教师可以帮助学生保持冷静和理智,避免意外伤害的发生。同时,教师还可以利用适当的休息时间,让学生在游戏中得到充分的调整,以保持身心的良好状态。

第二节 程序教学法在体育教学中的运用

一、程序教学法的编制方式及注意事项

（一）编制方式

1. 直线式程序教学

直线式程序教学是一种高效的教学方法，其通过将教材细分为多个小步骤，并按照特定的顺序进行教学和训练，帮助学生逐步掌握知识和技能。这种教学方法注重系统性和逻辑性，以清晰的教学步骤和有序的教学过程引导学生的学习。这种教学模式相对简单，适用于简单的技术项目。直线式程序教学模式如图 4-2-1 所示。

图 4-2-1　直线式程序教学模式

2. 分支式程序教学

分支式程序教学是一种教学方法，它将教材划分为比直线式程序更大的步骤。在每个大步骤中，根据预定的算法程序，将学习内容细化为具体的子步骤或任务。针对每个子步骤或任务，向学生提出一系列检查性问题，以确保学生对所学内容的理解和掌握。分支式程序教学通常用于促进练习者动作技能的提高和技术较复杂的运动项目的教学，如网球。这种教学模式可以帮助学生更好地理解和掌握复杂运动的技术要领，其模式如图 4-2-2 所示。

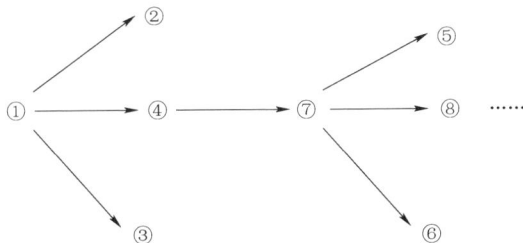

图 4-2-2　分支式程序教学模式

（二）注意事项

我们以网球教学为例，对其进行论述和研究。

网球技术是一项复杂的技术，在网球技术的教学中，要遵循动作学习的规律，编制教学程序时要考虑动作学习的先后顺序和内在逻辑关系。在编制教学程序时，要确保每个步骤之间的衔接得当。科学合理的教学程序能够更容易地形成正确的动作模式，并使每个步骤的教学有目的、有重点。

举例说明，在正手抽球动作的教学中，重要的是要注意引拍、击球和随挥动作之间的连贯性，强调动作的完整性。以发球教学为例，需要特别关注抛球和击球之间的连贯性，以及身体的协调用力。整个发球动作中，身体的各个部分就像链条系统中的链环一样，一个链环产生的力量连续传递到下一个链环。

在教学过程中，需要教师指导学生在用力过程中充分利用大肌群先用力，然后逐渐扩展到小肌群，以达到最佳用力效果，并保证动作的流畅性。例如，在正手抽球中，学生应该在引拍阶段以臂部和腰部的力量为主，然后逐渐转移到手部和手腕的力量上，以确保球的击球力量和准确性。发球技术动作中协调链环和力量的产生如图 4-2-3 所示。

身体部分：腿部用力 ——→ 转体转肩 ——→ 大臂抬起 ——→ 小臂伸直 ——→ 手弯曲

产生的力量：增加髋部速度 ——→ 增加肩部速度 ——→ 增加肘部速度 ——→ 球拍对

准增加腕部速度 ——→ 增加球拍速度

图 4-2-3　发球技术动作中协调链环及产生的力量

根据图 4-2-3 可知，发球的力量不是由躯干和手臂的爆发力产生的，而是源自腿部动作中的膝盖屈伸。

在编制程序教材之前，需要全面了解学生的综合情况。根据学生的情况，制订技术动作学习的框架和顺序。学生在学习过程中可能出现焦虑、恐惧、感兴趣等心理状态，根据学生出现的心理状态调整教学内容。

二、程序教学法的特点与原则

（一）程序教学法的特点

1. 教学内容的时序性

时序性遵循特定的教学方法，以项目特点为依据，按照一定的逻辑顺序编制。

2. 程序教学实际教学效果好

程序教学相较于传统教学在实际教学效果方面具有明显优势，程序教学能更有效地激发学习者对动作技能学习的积极性和主动性。

目前，许多国家都在探索如何将传统教学与程序教学相结合，以实现动作技能的有效教学。这种结合旨在将严格的程序与教师的经验和教学过程的灵活性相结合，以获得更好的教学效果。这种方法既借鉴了传统教学的优点，又充分利用了程序教学的特点，为学生提供了更全面和有效的学习体验。因此，将传统教学与程序教学相结合已成为教育领域的研究热点。

3. 在规定的程序教材中完成

程序教学可以被看作是一个完整的控制系统，其包含了学生和教师之间的信息传递过程，并通过有序的步骤和环节来实现教学目标。在程序教学中，教师充当着引导者和组织者的角色，负责设计和实施教学计划，而学生则是教学过程的主体，积极参与并接受教师的指导。

在这个控制系统中，教师将教学内容分解为逻辑连贯的单元，根据学生的学习需要和能力水平，安排相应的教学步骤和活动。教师通过清晰的讲解、示范、引导和反馈，向学生传递所需的知识和技能，并激发他们的学习兴趣和动力。

学生在接收到教师的信息后，通过思考、实践和互动进行学习，同时向教师反馈他们的理解和掌握情况。教师通过观察学生的表现和反馈，及时调整教学策略和方法，以满足学生的学习需求和提高教学效果。

（二）程序教学原则

1. 小步子原则

程序教学是通过整理和设计所学内容，将学习内容划分为若干部分，每一部分都是一个知识段落，也可以称为"小步子"。这些小步子经过科学连接形成一个长序列，后续的步子相较于前面的步子会增加一些难度。学生在学习过程中按照这个序列逐步完成所学内容，直到全部掌握。如果遇到困难，只需返回上一步巩固相关知识即可。这种逐步推进的学习方式有助于学生逐渐建立起知识的连贯性，提高学习效果。通过程序教材的引导，学生能够更好地理解和掌握学习内容，培养自主学习的能力。

2. 及时强化原则

在学习过程中，当学生遇到困难时，如果没有教师及时指导，他们很容易放弃对该内容的学习。通过程序教材，学生能够自主地探索问题的解决方法，并有机会回顾和加深对学习内容的理解。这种反复回溯的学习过程相当于对知识的强化，有助于学生更好地掌握所学内容。通过反复练习和思考，学生能够逐渐建立起扎实的知识结构，形成深入的学习印象，并将所学的知识和技能应用到实际中。这种强化式的学习方式有助于提高学生的学习效果和学习质量，程序教材为学生提供了积极的学习反馈和自我激励，促使他们更主动地投入学习的整个过程。

3. 自定步调原则

在传统的体育教学中，教师常常忽略学生的个体差异，仅根据学生的技能水平和教材内容进行教学，这导致一些学生跟不上教学进度，而另一些学生的学习需求又无法得到满足。在程序教学中，学习者可以根据自身情况自主掌握学习进度。这种个性化的学习方式充分考虑了学生的差异，使他们能够根据自己的能力和节奏进行学习。学生可以根据自身的需求和兴趣选择适合自己的学习内容，并以自己舒适的速度进行学习。这种个体化的学习方法提高了学生的学习效率，可以帮助学生更好地理解和掌握所学知识。

4. 主动反应原则

程序教学的内容由一系列"小步子"按照特定顺序组成，形成了一个完整的内容链条。学生可以通过程序中提供的问题或方法进行连续学习，在完成一个任务或内容后，学生可以立即获得奖励，以确保他们更加积极主动地进行学习。程序教学通过设置具体的学习步骤和奖励机制，为学生提供了清晰的学习路线和目标，使学习过程更加有序和有趣。

三、程序教学目标与控制系统

（一）程序教学目标

传统教学注重标准化，要求所有学生达到相同的教学标准，忽视了学生的个体差异。这往往导致基础较好的学生轻松达到教学目标，而基础较差的学生即使努力也难以达到要求，这容易打击学生的积极性。相比之下，程序教学的目标是使 90% 以上的学生掌握基本技术动作，了解技术原理。此外，它还能提高学生的自学能力，培养学生对体育的兴趣，为他们终身参与体育活动打下基础。程序教学注重个体差异，根据学生的特点和能力提供个性化的教学方法和指导，以促进每个学生的全面发展。这种教学方法能够激发学生的学习兴趣和积极性，使他们更好地参与体育学习并取得良好的效果。

（二）程序教学的控制系统

我们可以将程序教学过程视为一个控制系统，该系统实现了教师与学生之间的信息传递。在程序教学模式中，教师首先将信息传达给学生，学生接受后在实践中提供反馈。教师利用这些反馈信息重新调整教学程序和内容，然后再将调整后的信息传递给学生。通过这种反复循环，教学内容逐渐加深，教学效果不断提高。

程序教学系统具备严密的逻辑顺序和连贯的动作技术要求，动作技术的程序化教学过程是通过信息反馈来实现的。为了实现最佳教学效果，必须建立快速而有效的信息反馈控制系统。如图 4-2-4 所示，展示了程序教学中的反馈控制系统模型。学生通过程序教学控制系统的调节，将所学动作与正确动作进行比较，发现问题，并提出改进动作程序，不断纠正错误。这一反馈机制使学生能够自我评估和调整学习进程，提高动作技术的准确性和效果。

通过不断修正，学生能够逐渐纠正错误，改善技术执行，并逐步接近正确的动作要求。这种信息反馈的循环过程促进了学生的主动学习和自我调控能力的培养，提升了动作技术的习得和掌握水平。

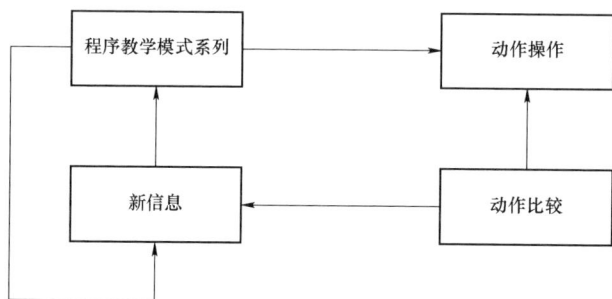

图 4-2-4　程序教学的反馈控制系统模型

举例来说，在进行正手抽球动作技术时，中枢神经系统持续接收关于方向、动作节奏、用力程度等方面的信息，然后利用这些新信息来纠正错误动作，提升正手抽球动作的质量。因此，在每个技术教学阶段，适当的信息被传递给学生，确保学习的质量。此外，从反馈调控的角度来看，教师能够及时获得学生的反馈信息，在每个程序中了解学生的学习状况，以便及时调整和控制信息的输出。这样，学生能够在不同的序列中获得最佳的、适合的信息，最终实现整体优化的目标。这种反馈调控机制确保了教学过程的灵活性和个性化，有助于学生根据自身需求进行学习，并持续提高技术水平。

四、程序-时空认知教学法的应用——以跳远技术教学为例

（一）实验设计程序

第一，实验编制的理论依据。程序教学与时空认知教学法的理论依据包括教学思想、教学理论等学科内容。程序教学将教材编制成逻辑单元，以步步反馈为主线，贯穿整个教学过程的动作强化、信息反馈和学习控制。学生被鼓励进行"发现问题—分析—讨论—交流意见—提出解决方案—纠正错误"的学习活动，培养其自主发现和解决问题的能力。时空认知教学法通过初步了解理论知识，通过练习形成时空感觉和表象，通过反馈、强化和巩固培养

学生的思维能力和问题解决能力，形成完整的动作定型。

（1）体育新课程理念下的教学思想转变。21世纪初，在强调培养终身体育能力和习惯的指导思想下，体育课程理念迎来了新的突破，对课程性质和价值进行了重新界定，并提出了全新的课程理念。新的课程标准扩展了课程内容的范围，增加了教师在教材和教学内容选择方面的自由度，为教师提供了更广阔的思维空间，改变了传统的教学方式和行为模式。

（2）控制论基础。控制论中的反馈控制理论是程序教学的重要基础。为了实现预定的教学目标，在教学过程中需要进行反馈与控制，将学生在学习中的信息及时反馈给他们，使他们能够及时了解自己的学习情况，并进行必要的纠正练习。同时，教师也可以根据学生的反馈及时调整教学方法，因材施教，提高教学质量。

（3）信息加工理论。"信息加工理论"将人类视为类似计算机的信息处理系统，它认为认知行为受大脑内部信息流程的影响。学习的本质是通过获取和运用信息来构建知识，是一种信息的加工和传递过程，熟悉并运用这一理论可以有效提升教学和训练效果。基于此理论，我们开发了针对跳远的教学程序和时空口诀，旨在帮助学生在学习过程中更深入地理解跳远技术，全面掌握动作技巧。

（4）格式塔学派的完形——顿悟说。认知学习理论中的顿悟说是由格式塔心理学家苛勒提出的，该理论强调了顿悟在学习中的重要性，认为学习不是简单的动作积累或盲目尝试，而是学习者通过自身的理解力和智慧，在情景和自身关系中获得的顿悟。格式塔心理学将刺激和反应、环境和行为之间的关系视为一个三元素的结构，即S—O—R，强调了意识因素的中介作用。因此，在跳远技术教学中，合理组织跳远技术动作和操作方式的知识结构，以及从认知的角度建立跳远时空口诀，都是非常必要的。

第二，就跳远技术教学而言，采用"程序—时空认知"教学方法的编制方式和相关注意事项。

（1）直线式教材编制的方法。直线式教材编制方法是指将教材按直线形式划分为严密的逻辑小单元，按照正向步骤依次进行每个单元的教学和学习活动。学生在掌握第一单元的练习内容后，再学习第二单元、第三单元，以此类推，最终完成整个技术学习过程。直线式编排法通常按照动作技术的技术环节的先后顺序进行编排，但也有一些教师和教练员根据教学实际需要对技术环节的顺序进行调整。

（2）编制教学法的程序应注意的问题

编制跳远程序时，应结合现代跳远技术的特点和技术动作的结构，合理安排技术教学步骤。同时，需要考虑两种教学方法的独立性和共性，并根据实际情况优化组合，充分发挥各自的优势，使整个教学过程更加合理化，从而提高教学效果。

在编制教学程序时，教师应注意以下因素：首先，需要了解学生的实际情况，并结合现代跳远技术的特点，将程序教学与时空认知教学法相融合。其次，要考虑教学目标和教学效果，确保教学方法能够有效地达到预期的教学目标。此外，教学程序的前后步骤的安排也非常重要，应有利于技术环节的衔接，使得动作能够顺利定型，并避免教学中的偏差。在教学实践中，常常出现教学方法选择不当，导致教师和学生精力浪费、效果不佳的情况。因此，在选择教学方法时，应充分考虑教材的内容以及学生的实际情况，制订出适合学生接受能力并能够提高教学效果的教学程序。

第三，"程序-时空认知"教学法在跳远技术教学中教学程序的建立。根据现代跳远技术的特点，结合程序教学法的编程方法和独特之处，以及结合程序教学与时空认知相结合的教学法在跳远技术教学中的应用，我们将制订出适合跳远的程序流程和时空认知的教学程序（见图 4-2-5、图 4-2-6）。

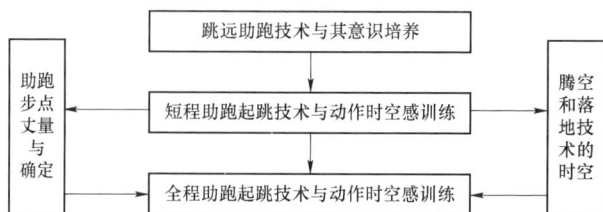

图 4-2-5　培养学生跳远时空认知能力示意图

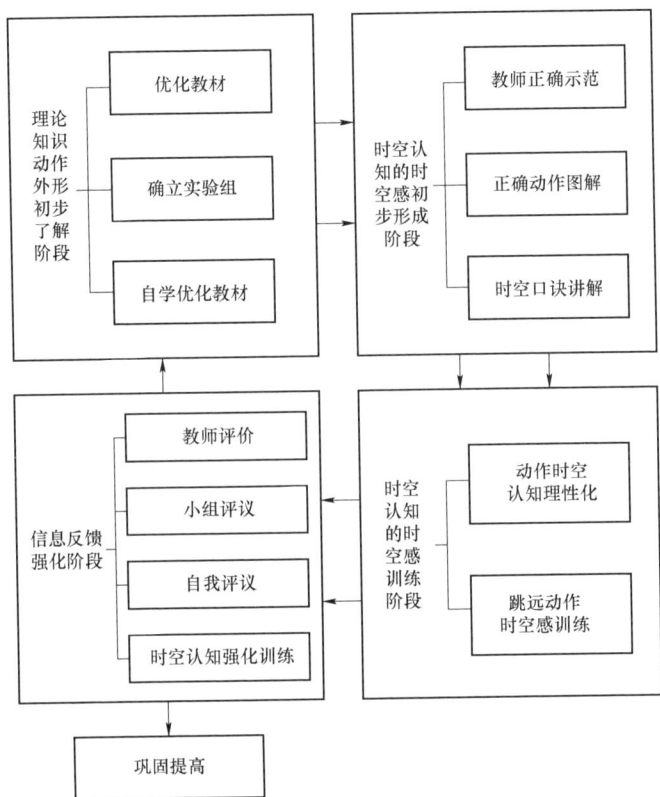

图 4-2-6　跳远时空认知形成教学程序流程示意图

　　在跳远技术教学实验研究中，将程序教学与时空认知相结合的教学法应用于教学过程中，我们通过贯穿整个教学过程的运动思维意识培养来培养学生的认知能力。在课前，学生通过学习时空口诀和进行技术动作演练，增强对跳远技术动作的整体认知。在课堂上，教师及时评价和反馈学生的技术动作学习，纠正错误动作，强化正确技术，以帮助学生掌握技术动作。通过时空口诀的学习和演练，学生形成广泛的感性认知。通过课堂教学的强化、信息反馈和调整，学生逐步提升到理性认知阶段，对跳远技术进行理性概括，这种教学方法将促进学生对技术动作的掌握和认知能力的提升。

（二）实施过程

　　（1）教学实验整体阶段安排。根据现代跳远技术、时空认知教学、程序教学的特点，在教学试验中将整个教学实验阶段划分如表 4-2-1 所示。

表 4-2-1　教学实验整体阶段安排

项目	第一阶段	第二阶段
教学内容	帮助学生了解跳远，指导学生完成助跑、起跳、腾空、落地等技术的初步学习	完整技术教学（改进技术和巩固、提高技术教学）和统一技术考评（达标、技评）
教学目的	通过训练和指导，促进学生提高运动技术水平，培养他们的时空认知能力以及观察、分析和解决问题的能力	帮助学生改进和提高技术动作，使其建立巩固的技术动作动力定型
教学组织与教法	教师讲解跳远"程序-时空口诀"，并进行动作示范。学生进行演练和强化练习，并通过信息反馈、强化、师生相互评议的方法，加强学生对技术动作的掌握	学生在练习过程中通过教师与学生观察、分析，不断改进技术动作，通过信息反馈和强化练习，加强学生对跳远时空口诀的学习和对技术动作的巩固和提高
教学评价	教学过程评价：学生学习的积极主动性；学生认知能力和心理能力的提高及学生发现、分析、解决问题能力的变化情况	终结性评价：对教学目标的完成情况，学生学习成绩的掌握情况（评价标准按照统一的教学大纲），教学方法的实效性和有效性的评价及学生对新教学方法的满意度进行评价

（2）教学实验课堂操作流程。

第一步，在课程开始之前，教师需要做好准备工作。教师应该明确教学目标，确定本节课的学习内容，并向学生教授跳远时空感口诀，并进行实际演练。在课程开始的部分，教师会进行常规的课堂教学，并进行讲解示范，同时让学生观看技术图片，以加强他们的跳远时空感训练。

第二步是自学练习阶段，在这个阶段，教师会引导学生进行自主练习。学生之间进行相互交流，互相提供反馈意见，以找出错误动作产生的原因。同时，根据学生出现错误动作的原因，教师及时提供帮助和指导，帮助学生纠正错误动作，并进行强化练习，以完成技术学习的目标。

（3）教师进行测试，测试结果可以分为三种情况：首先，通过测试意味着学生能够熟练地完成技术动作；其次，基本通过测试表示学生能够完成技术动作，但不够熟练，动作可能不够连贯和流畅，需要经过强化训练才能达到通过的标准；最后，未通过测试意味着学生无法完成技术动作，这时教师需要与学生以及学生之间进行讨论和交流，反馈学习过程，找出解决办法。经过强化练习后，学生可以通过测试并进入下一个学习单元；对于未通过测试的学生，他们需要继续学习，直到掌握技术动作后方可进入下一单元学习。

（4）在每节课结束之前，进行时空认知问卷的填写，同时在课后回顾课堂教学的过程、方法及个人的感受和体验。

（三）应用原理分析

（1）教学目标控制分析

通过将程序教学与时空认知相结合，将此种教学法应用于跳远技术的实验研究，培养学生团结互助、热爱集体的品德，使他们能够掌握跳远的基本技术、正确理解跳远技术原理，提升他们的技术水平。在课堂上，鼓励学生积极主动观察，分析学习中的问题，并能够主动提出解决方案。预期达到的目标是提高学生的问题发现、分析和解决能力，培养他们自主学习的习惯和良好的体育意识，从而提升他们的技术技能水平。

（2）教学原则应用分析

① 优化组合原则。结合程序教学和时空认知，体育教学方法根据不同体育技术项目的教学程序以及学生对时空感觉、时空表象和时空认知的建立来进行教学。教师在教学过程中将这两个方面进行优化组合，以帮助学生更好地掌握技术动作并提高运动成绩。通过结合规律和原则，这种教学方法使学生能够在实践中理解和运用技术动作的时空特性，从而提高他们的运动能力，这种综合教学方法对于学生的技术掌握和运动成绩的提升具有积极的影响。

② 自定步调原则。在教学过程中，将教材分为多个小步骤，结合时空认知口诀进行教学。学生可以根据自己的理解情况，自主决定学习的进度，鼓励他们以适合自己的速度学习。同时，在教学中，教师及时给予学生学习反馈，对于错误的技术动作，鼓励学生思考并找到解决问题的方法。此外，学生在每个学习单元中不仅要在课前预习时空口诀，还需要在课堂中不断进行想象和体验。这种教学方法旨在激发学生的主动性和创造力，帮助他们更好地理解和应用所学的知识。

③ 学思结合原则。将这两种教学方法结合起来，对提升学生独立学习效果会起到重要作用，它能培养学生的思维能力并激发其学习的积极性。在教学过程中，结合时空口诀和编制的教学程序，学生学习与思考并行，从而加深对技术动作的认知。

④ 及时反馈与强化原则。在教学过程中，需要对学生的每个反应及时作出反馈。对于遇到问题的学生，可以通过教材程序和时空口诀进行对比分析，积极思考并找出解决问题的方法。对于正确的学生，教师应及时给予肯定。这样的及时反馈和强化可以帮助学生形成正确的动作模式，反馈越快，强化效果越明显。

⑤ 提高成功率原则。在编制教学程序时，可以将教学分成逻辑顺序的单元，让学生逐步学习和掌握技术动作，以降低教学难度，增强学习信心并提高练习成功率。

第三节　分层教学模式在体育教学的运用

一、分层教学模式概述

（一）内涵

分层教学是指根据个人在发展过程中受到家庭环境和社会环境等因素影响形成的生理、心理和个体差异，在教学过程中要考虑学生的认知能力、学习能力和掌握能力，以符合他们实际学习的能力。教师应根据这些因素有针对性地安排课堂教学内容、教学方法和教学手段，并进行相应的学习指导、检验和评价，以使每个学生在现有基础上得到进一步完善和提高。这种分层教学的目的是确保每个学生都能够得到适合自己发展需求的教育，促进他们全面发展。

体育分层教学是一种教学模式，它在承认学生差异的前提下，根据学生的个体差异、兴趣爱好、身体素质和运动技能等方面进行组合，划分不同层次，并确定相似的学习目标，以有针对性地进行体育教学，并制订相应的评价标准。这种教学方法充分考虑学生的特点和需求，旨在为每个学生提供适合其能力和发展水平的学习环境，促进他们的个人成长。

理解分层教学的内涵需要注意这几点：首先，分层教学的核心是学生的个体发展。教师应因材施教，促进每个学生全面、积极的成长。其次，分层教学面向全体学生。素质教育的核心是面向所有学生，确保每个学生都得到全面的发展。

（二）理论原则

1. 区别对待

从客观方面来看，不同学生之间是存在差异的。因此，在体育教学过程中对于不同学生，应充分考虑其差异性，实行差异化教学。在备课和选择教法时，教师应该根据学生的情况，灵活设计教学程序，制订个性化的教学方案。通过个性化的教学方案，充分发挥学生特点，促进学生个性和优势的展现，确保每个学生都能发挥所长。不同组别的学生并非固定不变，低层次组的学生通过努力达到高层次的水平，可以调到高层次组；高层次组的学生如果跟不上进度，可以换到低层次组。同时，鼓励学生相互帮助，达到提高教学质量的目标。因此，区别对待原则为分层教学提供了理论支持，其使教学更加适应学生的个体差异。

2. 目标导向

分层教学必须深入了解学生的学习需求，因为只有对分层教学有正确的理解，才能确保其有效实施并取得良好成效。确立正确的分层观念是实施分层教学的首要任务。在教学过程中，要向学生明确传达一个重要观念：分层教学的目的是满足全体学生全面发展的需求，而不是将学生划分为若干等级。

每个学生都是独一无二的，他们在知识、技能和兴趣等方面都有自己的特点和潜力。通过分层教学，教师要充分认识到学生的个体差异，并相应地提供多样化的教学方法和策略，真正使每个学生平等接受教育。这种个性化的教学方法能够更好地满足不同学生的学习需求，使其在学习上取得进步和发展。只有充分向每个学生传达分层教学的目的和意义，获得学生的支持，才能确保分层教学的成功实施。

3. 联系实际

将教育方针和素质教育理念贯彻到实践中是至关重要的，这也适用于体育课程的发展和学生对体育科学价值观的正确认识。联系实际在体育教学中具有重要意义，它包括学生的实际经验和社会生活实际两个方面。因此，在教学过程中，应当引导学生从实际出发，注重实际运用，使学生能够将间接经验和直接经验相结合，并将所学应用于实际生活中，以达到最佳的学习效果。

通过联系实际，学生可以感受和理解所学知识的应用价值，培养他们的创新思维和解决问题的能力。同时，联系实际还可以帮助学生建立与社会生活的紧密联系，使他们更好地适应社会和融入社会。因此，在体育教学中，应该注重培养学生的实践能力，使其在实践中不断发展和提升自己的体育素养，从而实现个人的全面发展。

4. 民主平等

民主平等原则的关键在于人际关系中的相互尊重和平等对待。这一原则为每个人都提供了广阔的舞台，让他们有机会参与各种活动并展示自己的才华。在这样的环境中，学生学会了与他人和睦相处、互相尊重和倾听对方的声音。这种积极的人际关系培养了他们的合作意识和竞争能力，使他们懂得在竞争中互相尊重、团结合作。通过合作和竞争，学生们能够更好地发挥自己的潜能，并提升自己的人格素养和综合能力。

民主平等的人际关系在师生关系中营造出生动、活泼、和谐的教育氛围，这样的教育氛围可以促使师生之间建立起相互信任和积极互动的关系，使学生感到自由表达和分享自己的想法是受欢迎的。在这种民主平等的人际关系中，师生可以充分交流信息、分享观点和经验，激发出各种思想火花。

通过这样的民主平等原则的实践，教师与学生之间建立了信任和互动的桥梁，促进了教育的全面发展和学生个性的充分展示。

5. 全面发展

全面发展原则，明确了体育教学的目标和方向，全面发展原则也称为目标性和方向性原则。

当前的体育教学常常忽视学生个人兴趣、爱好和特长的培养，学生的个性被压抑，全面发展受到了阻碍。传统的体育教育中，学生常被"一刀切"或被要求"齐步走"，这种教育方式完全忽视了学生在体育方面兴趣和特长，阻碍了学生的发展。分层教学强调学生作为学习主体和学习者的地位，为学生学习提供了正确的指导。在分层教学中，教师应根据学生个体差异和特点，灵活调整教学内容，这样能够激发学生的学习兴趣，促进他们在体育领域全面发展。

6. 鼓励性评价

赞赏和激励是提高学生学习兴趣和增强学习自信心的有效方法之一，有助于学生保持积极追求成功的心态。教师应当善于运用鼓励，引导学生学会尊重他人的学习成果，并善于发现他人的亮点。这样的鼓励能够营造积极的学习氛围，激发学生的学习动力，培养他们的合作精神和团队意识。教师的赞赏和鼓励不仅能够提升学生的学习效果，还能够培养他们的社交能力和情感表达能力。通过积极的反馈和鼓励，学生将更加乐于接受挑战，不断追求进步。

（三）特点

相较于传统的教学模式，分层教学模式具备以下特点。

首先，分层教学保持班级教学的同时，成功地融合了集体教学和个别教学，解决了教学标准的一致性要求与学生个别学习需求差异之间的矛盾。

其次，分层教学法符合人文主义教育的原则，注重个体的主体性、创造性、自主性。它强调学生在社会实践中担当主导地位，尊重每个人的价值，激发学生的学习潜力，并坚信学生能够自觉积极地完成各项学习任务。针对学生个体间的差异，分层教学法制订了相应的学习目标和内容，并采用不同的评价方式，有效调动了学生的学习主动性和积极性。

最后，分层教学法以全体学生为基础，根据学生在兴趣、能力、性格等方面的差异，确定适合每位学生的学习范围。这种个性化的教学方法能够激发学生的学习积极性，培养学生对学习的主动性，有助于提升学生的自信心。通过分层教学，每个学生都能够在适合自己的学习区域中展开学习，实现个体化的发展目标。

二、分层教学在体育教学中的应用

（一）教学设计

1. 分层教学目标的制订

制订分层教学目标时，应综合考虑总体目标，并根据班级内学生的体质差异和运动能力水平的差异因材施教，教师需要为不同层次的学生设计相应的教学要求、内容、方法。在分层教学中，注重划分层次，对于不同层次的学生设立与之水平相符的教学目标，保证每节课能完成教学任务，达到所设立目标的要求。在体育教学中，根据学生的运动技术水平、身体差异、个体心理素质、体育素质等，制订体育项目的合格标准和达标成绩。分层教学方式把学生按照一定标准分为高级、中级和初级三个层次，并制订针对相应层次的体育教学目标。

在体育教学中，学生的水平是变化的，为了激励学生积极参与锻炼并不断进步，教师引入了竞争机制。通过在一定时间内适度调整学生的层次，可以对那些表现出明显进步和能力提高的学生进行晋升，而对于退步的学生则可以降低一个层次。这种做法有助于激发学生的竞争意识，让他们追求进步，不甘于停滞。这样的教学方式不仅能够调节课堂氛围，还能调动学生学习的积极性和主动性，有效促进学生身体素质和思想品质的提升。通过竞争机制，学生们将更加努力地参与体育活动，积极锻炼身体，并通过与他人的竞争不断提高自己的技能和能力。这种鼓励学生不断进步的教学方式将促使他们形成积极向上的学习态度和乐观的人生态度，对他们的全面发展具有积极而深远的影响。重要的是要确保竞争机制的合理性和公正性，让每个学生都有公平的机会展示自己的实力，以实现全体学生的全面发展和进步。

2. 分层教学目标的设计

为了确保分层教学的顺利进行和达到体育教学目标，课堂上设计适当的练习尤为重要。在体育教学中，根据教材内容和学生在不同层次上的实际情况，精心设计适应各个层次的教学内容、目标和方法，根据学生的不同水平和需求，灵活调整课程的难度和深度，确保每个学生都能够得到适宜的挑战和支持。通过差异化的教学设计，更好地满足学生的学习需求，促进他们的个体发展和学习进步。根据个体差异和因材施教的原则，可以将教学目标划分为初级、中级、高级三个层次。

（1）初级层次：能够理解动作要领，初步掌握所学运动技术。

（2）中级层次：掌握基本理论知识，掌握教学大纲要求的基本内容。

（3）高级层次：在基础教学内容的基础上，进一步提高，加深对运动技术内涵的理解，努力提高运动技术水平，熟练掌握动作连贯性、标准性、正确性、协调性，持续提升身体素质，并培养相关能力。

在进行分组练习时，需要注意到女生的身体素质相对弱于男生，因此在难度和运动量上应适当减量，以符合她们的实际身体状况。此外，体育教师在课后也应积极参与学生的练习，到练习场地进行巡视，纠正并帮助学生改正技术动作中的错误。这样，针对不同层次的学生，我们能够提供相应的教学内容和方法，使每个层次的学生都能够取得进步。

教学方法是指教师用来组织课堂教学活动的方式，实现教学目标需要依靠适当的教学方法。在分层次教学中，面临的挑战是如何根据学生的身体差异、个性特征和认知水平的不同，采用适宜的教学方法，制订科学合理的教学目标，以实现有效的教学。下面将详细介绍体育分层教学方法的应用。

（1）体育教师在教学中应该认真进行教学研究，并切实做好"三备"工作。"三备"工作即备教材、备内容和备学生。针对不同的学生，需要确定相应的教学内容，并采用灵活性和实效性兼具的教学方式。在课堂教学中，学生是主体，是教育的对象，而教师则是主导者，是在教学过程中引导学生方向的人，教师应充分调动学生的积极性，激发他们的创新思维和开拓精神。同时，为了确保学生在教学过程中能够理解所学知识和运动技能，并在已有技术基础上取得进步，教师应该积极支持学生努力完成教学任务，应根据学生的不同层次，灵活调整教学内容和方法，满足每个学生的学习需求。教师的角色是指导者和激励者，他们应该给予学生适当的指导和鼓励，帮助他们克服困难并取得成功。通过这种支持和引导，教师能够帮助学生提升他们的学习成果，使他们在学习过程中获得更多的成就感和自信心。

（2）体育教师在教学中应运用不同的教学手段。为了适应学生对运动技术理解的差异，教师在传授运动技能时需先了解学生的技术水平，随后针对不同学生采取不同的教学手段、方法和内容进行教学。这样的个性化教学能够更好地满足学生的学习需求，促进他们的学习进步。教师可以根据学生的掌握程度灵活调整教学步骤、示范动作和练习要求，以确保每位学生都能获得有效的教学效果。通过这种差异化教学的方式，教师能够更好地引导学生，提高他们的技术水平和运动技能，使他们在学习过程中得到全面发展。

（3）体育教师应该激发学生的竞争意识和团队合作精神。通过参与比赛，学生可以感受到竞争的激烈性和团队合作的重要性，同时也能锻炼他们的毅力。教师在教学中可以适度引导学生竞争，营造良好的比赛氛围，注重培养学生的团队意识和合作精神，使他们在竞争中学会尊重对手、合作共赢。这样的教学方法有助于提高学生的综合素质，并为他们未来的发展奠定良好的基础。

只要能够有效地、科学地将分层次的教学方法融入教学过程中，就能够提升体育教学的质量和效果。这种方法能够帮助学生根据自身实际水平和需求，有针对性地进行学习和训练。通过合理安排群体活动和任务，学生可以相互学习、互相促进，共同成长和进步。通过团队合作和竞争，学生能够互相帮助和激励，同时也能理解和尊重彼此的差异。这样的教学环境能够让学生充分发挥个人潜力，建立积极的学习态度和自信心。体育教师在教学中应注重培养学生的团队意识和合作精神，营造积极向上的学习氛围，使学生在快乐中获得知识和技能的提升。通过这种方式，体育教学将变得更加生动有趣，学生也能够获得更大的进步。

（4）提供指导和帮助以解决学生的学习方法问题。对于天生身体素质不强、运动能力基础薄弱的学生，可以寻求教师的指导并在课后向基础较好的同学寻求帮助。学习好的同学要提高对自身的要求，向教师请教难度较大的运动技术和更深入的知识。可以通过查阅相关资料，进行纵向和横向的联系分析，深入学习并创新知识，在知识的深度和广度上进行扩展，以建立一个完整的网络知识结构。这样的学习方式能够帮助他们拓宽视野，提高综合能力，并取得更高的成就。同时，教师可以提供指导和建议，引导他们进行自主学习和探究，培养他们的独立思考和问题解决能力。通过这样的指导和帮助，学生们可以更好地发挥自己的潜能。

（5）对于教学信息要及时反馈。教师可以运用课堂提问和理论知识、运动技术的测验来了解学生的最新学习情况。根据这些情况，教师需要及时调整教学内容，有针对性地进行教学。对于基础较差的学生，需要重点弥补他们的知识缺陷并纠正技术动作。教师可以采取个别辅导和练习来帮助这些学生，让他们能够逐步提升自己的水平。同时，教师还可以鼓励和激励这些学生，让他们对学习保持兴趣和动力。这样的反馈和调整将帮助学生更好地理解和掌握所学内容，提高他们的学习效果。

3. 分层教学模式的运作程序

教学活动在时间上的逻辑步骤以及每个步骤的主要做法（见图4-3-1）即分层教学模式的运作程序，每种教学模式都有其独特的操作程序和步骤。在教学过程中，其涉及教材内容展开、教学方法运用和学生心理活动。因此，从不同角度，其提出了教学活动的逻辑顺序和基本阶段。这些顺序的制订旨在确保教学的有序开展，促进学生有效学习。通过合理的教学程序和步骤，分层教学模式能够更好地指导和组织教学活动，提高教学效果。

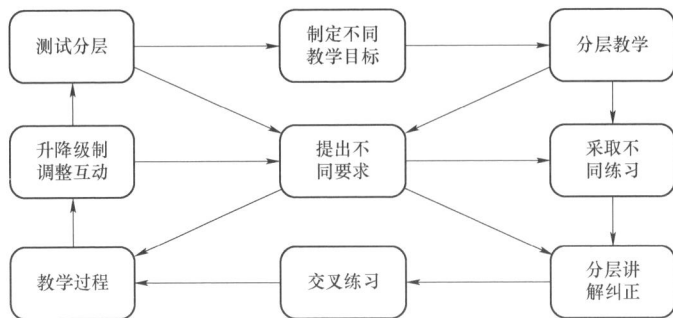

图 4-3-1　分层教学模式运作流程图

（二）分层教学的教学实践——以高校乒乓球教学为例

分层教学的主体是学生，即学生是分层教学的核心，分组是否科学、合理对分层教学成效有直接影响。在进行分层时应坚持动态调整、师生协商和尊重学生的原则。教师应向学生详细介绍分层方案的设计，明确分层的目的和意义，以达成共识，引导学生客观评估自身水平，帮助学生选择适合自己水平的层次。需要强调的是，学生的层次是动态变化的，会根据学生的发展和进步适时进行调整，让学生有机会跨越层次、提升水平，以实现个体发展的最大潜能。学生有权主动提出对层次进行调整，而教师则根据具体情况进行调整。在最初的两周时间内，教师会及时根据学生的要求进行个别调整，以满足学生的需求。经过一个学期后，教师将会根据考核和综合评估结果进行较大范围的调整，以更好地适应学生的发展。这种灵活的调整机制能够更好地适应学生的发展需求和学习进程，有助于确保教学的有效性和学生的个性化发展。

分层教学的实践流程如图 4-3-2 所示。通过初始水平测试对全班学生进行评估，进行分层安排。根据学生的实际水平确定不同的教学目标和任务。在分层教学中，根据不同层次的目标进行教学与学习，要求不同层次的学生达到相应水平，并进行层内的练习。安排不同层次的学生进行混合交叉，共同练习，促进学生间的交流与合作。最后进行总结，并根据课堂表现总结情况调整练习要求、负荷和练习内容。整个教学流程不断进行反馈和调整，以达到最佳的教学效果。这种教学模式注重个性化，提供有针对性的指导，从而帮助学生实现最大的学习效率。这种循环反馈和动态调整的教学方式可以更好地满足学生的学习需求，提高教学的效果和质量。

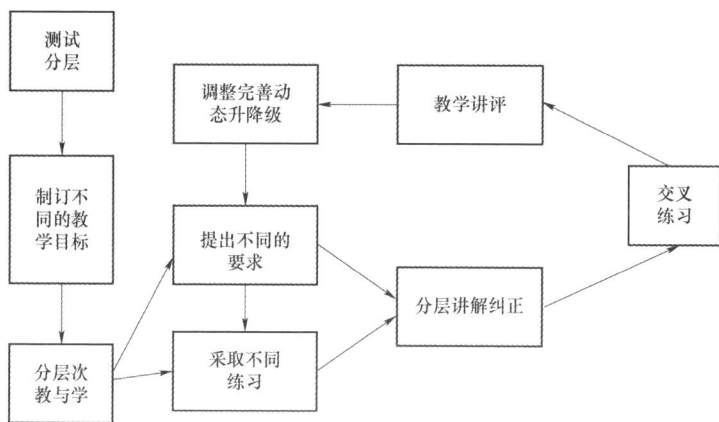

图 4-3-2　分层教学实践流程图

1. 科学客观的分层

在进行分层教学时，必须根据学生的技术水平进行严格划分。

首先，要明确说明分层教学的原因，使学生了解为什么要进行分层，并让他们能够接受教师的分层安排。与此同时，学生要树立信心，对学习确立明确的目标。在教学过程中，对于基础较差的学生，要特别给予鼓励、辅导和帮助，使他们能完成练习并能切实感受到喜悦。这样做可以提高学生的学习动力和自信心，激发他们的积极性，促进他们的成长和进步。通过个性化的支持和引导，每个学生都有机会充分发展自己的潜力，并在学习中获得成就感。

以乒乓球为例。为了按照乒乓球专项技术的要求进行实验，实验组在实验开始前邀请了两位乒乓球专项教师对学生进行了三项基本技术的测试，包括正手发球、左推右攻和反手推挡。教师们根据动作技术评定和个数综合打分（以两位教师的平均分为准），以平均分作为分界线，对学生进行了分类。根据学生的成绩，A 层为高于平均成绩的学生，其余分数低于平均分的学生为 B 层，从而形成了 A 层和 B 层两个乒乓球基本技术水平层次。分层教学是在保持原有教学班和教学计划不变的前提下进行的。这种教学方法是针对不同教学群体特点，选择相适应的教学方法，设定相应的教学内容，并根据学生水平采用不同的考试方式。通过对不同学生设定相应目标来培养他们掌握专项技能的能力，这种个性化的分层教学方法有助于激发学生的学习兴趣和提高他们的学习效果。

2. 制订不同层次的教学目标

制订适应不同层次的教学目标，这些目标具体、可操作性强，旨在使每个学生能够实际感知和实践。目标的制订考虑了学生经过刻苦练习后能够达到的水准，同时稍微超过了学生当前的运动能力。

A 组的教学重点是通过基本技术的衔接练习，让学生熟练掌握技术并提高技能水平。在教学中，还会进行专项理论讲授和教学竞赛等辅助活动。B 组的教学注重基本技术的反复练习以增强学生对基础动作的熟悉程度，要求学生通过专项理论的讲解加深对相应技术的理解并熟练掌握该技术动作。

在为期一年的教学中，对照组用传统的教学方式，统一教学进度、内容和授课计划进行教学。与此同时，实验组根据实验要求采用分层次教学的方法。在第一学期，实验组的重点是教授正手攻球、基本移动步法、反手推挡球、正手发奔球等内容。第二学期，则侧重教授发侧旋球、搓球、左推右攻以及进行教学比赛等技术。尽管两个组都涉及相同的教学内容，但对学生的要求截然不同。A 组要求学生熟练运用乒乓球技能，在原有基础上提高动作完成的质量；B 组要求学生初步掌握乒乓球技术，是从不会到会。具体的要求和成果如表 4-3-1 和表 4-3-2 所示。

表 4-3-1　第一学期实验组的分层教学要求

教学内容	A 组	B 组
反手推挡球	要求学生在较快的节奏下，以适当的力量进行动作练习。练习时需要及时准备，要求摆速快、还原及时，迅速进行正反手切换，并与脚步的移动相配合。学生应能够准确控制球的落点，使弧线不过高。动作应保持连贯性和协调性，确保动作流畅自然	要求学生掌握正确的动作技巧，将推挡球和攻球动作无缝衔接，实现连贯的练习过程，以避免失误的发生
正手攻球	要求学生能够掌握在搓中起板的技巧，通过搓球的过渡寻找机会进行拉球	要求学生能够掌握正确的动作，进行正手和反手的连续搓球练习
正手发球	要求学生能够准确将球发向指定的区域，同时控制球的旋转强度，使球的落点稳定，弧线低，并且具备多样的变化能力	要求学生按照合法发球的动作，成功发出带有上旋或下旋的球
理论内容	要求学生熟悉掌握乒乓球比赛的方法和规则，并具备在教学比赛中担任裁判的能力	要求学生对乒乓球的基本规则有所了解，并具备一定的比赛观赏能力

表 4-3-2　第二学期实验组的分层教学要求

教学内容	A 组	B 组
左推右功	要求学生练习时能够控制摆球速度，正手和反手过渡自然流畅，与脚步配合移动；能够有效控制球的落点，保持适当的弧线高度，动作连贯流畅，协调性良好	要求学生掌握正确的动作，将推挡球和攻球技术有机衔接起来，并进行连续的练习，以避免出现失误
搓球	要求学生掌握搓中起板的技巧，通过搓球过渡，寻找机会进行拉球	要求学生掌握正确的动作，连续进行正手和反手的搓球练习
发侧上/下旋球	要求学生将球准确发至指定区域，球要具备强烈的旋转，落点稳，弧线低，并且具有多变的球路	要求学生能够按照合法的发球动作，发出上旋球或下旋球
理论内容	要求学生能够熟悉掌握乒乓球的比赛规则和方法，且能够在比赛中承担起裁判的工作	要求学生了解乒乓球的基本规则并具有一定的比赛欣赏能力

3. 教学的组织形式

（1）小组合作学习

小组合作学习可以分为同质学习小组和异质学习小组。同质学习小组将技术水平相近的学生组合在一起，并为每个小组制订相应的学习目标和内容，异质学习小组则将不同层次的学生混合在同一小组中。在异质学习小组中，技术水平高且学习兴趣浓厚的学生会对其他同学产生影响和激励，同时巩固自己的技术，享受帮助他人的乐趣。这种合作学习模式促进了学生之间的互动，提供了多样化的学习环境，让每个学生都有机会进步。通过互相支持和鼓励，学生们不仅提高了自己的技术水平，也培养了团队协作能力。而且，这种教学方法还可以支持那些自身基础较弱、对学习兴趣较低的学生，营造一种相互帮助的学习氛围，培养他们的自主学习兴趣和能力，使每位学生都能在原有基础上取得进步。

通过这种课堂组织形式，学生之间相互学习，激发了他们内在的学习动力，提升了学生的整体技术水平。同时，还培养了学生相互学习和帮助的意识。在这样的环境中，每个学生都能够找到适合自己的学习方式，并通过与他人的交流和合作不断提高自己的技能水平。

（2）个别教学

在分层教学中，将班级集体教学与个别教学相融合，但这不意味着在集体教学中简单地添加个别辅导。相反，我们需要在教学目标、课堂教学和辅导训练等方面充分体现个别化教学的方法和策略。对于那些学习落后、基础较弱的学生，教师扮演着重要的角色。教师应帮助学生找出问题的根源，探索适合他们的学习方法，并逐步培养他们的自主学习能力。对于那些学有余力的学生，教师应关注他们的课外拓展，培养他们良好的学习习惯，以确保每个学生都能取得进步。通过这种个别化的教学方法，我们能够更好地满足学生的不同需求，激发他们的学习潜力，提高整体教学质量。

4. 注意事项

在每堂课中，都会安排一定时间让不同层次的学生互相交流，让高层次的学生帮助低层次的学生，相互激励，共同进步。通过这种交流，不同层次之间和层次内部产生竞争和合作，使异步发展能够更有效地发挥作用，从而提升全班的运动水平。

为了适应学生的发展，各层次班组需要进行适当的调整。对于进步较快且有较强悟性的学生，在一定课时后可以晋升到上一层次的组别。这样，在整个分层教学实验中，学生就不会被局限在某个层次班组中。相较于传统教学，分层教学训练在实施过程中更好地贯彻了个别化教学和因材施教的原则，有利于促进教师和学生之间的互动,有效评估和评价了学生的体育成绩，提升了体育教学质量和目标管理。分层教学训练激发了学生的竞争意识，全面培养了不同运动能力和身体素质的学生。此外，分层教学训练对于学生的身体素质提升、专业学习推进，及培养终身体育理念等方面都发挥了重要作用。

第四节　运动教学模式在体育教学的运用

一、运动教学模式概述

（一）运动教学模式的特征

运动教学模式与我国传统课堂教学之间存在很多差异，运动教育中有很多传统课堂教学中没有的特点，例如，运动教学中有分组合作、角色扮演、运动季、教学比赛、最终比赛、责任分担、成绩记录与保存、庆祝活动这八项内容（见图 4-4-1）。

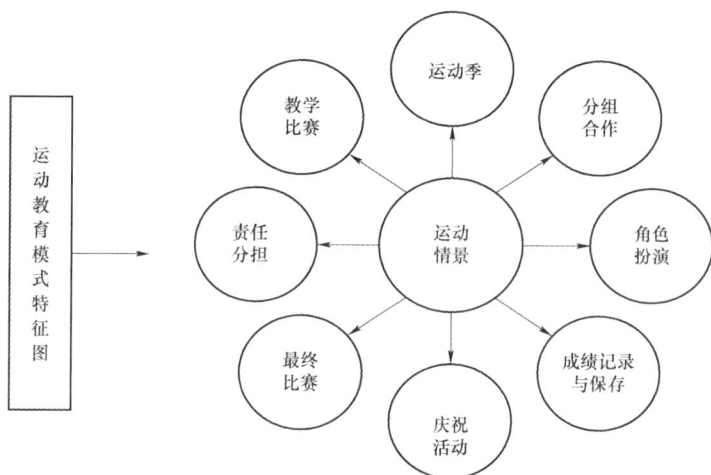

图 4-4-1　运动教学模式特征图

1. 运动季

周宏室先生在 2002 年出版的《运动教育学》中认为，运动教学模式中的一个教学周期被称作运动季，这与我国传统体育教学单元有明显的区别。运动季可以具体划分成四个小阶段，依次是练习期、季前赛期、正式比赛期和季后赛期。每个教学时期的教学内容都有所不同，但是每个教学时期所教授的内容之间却是有联系的。通常新的知识都要承前启后，每个时期之间也要通过这些知识衔接起来。最后的比赛阶段是整个运动季中最为重要的环节，也是整个运动季教学计划安排的导向。各方面素质已经接近专业运动员的学生要在教师的帮助和指导下，以比赛为目标，在整个运动季中不断努力，为最后的胜利挥洒汗水。

2. 分组合作

在运动教学模式中，其最突出的特点就是要进行团队合作，这与传统体育教学模式也大不相同。运动教学模式下，学习小组的建立方式比较自由，可以学生自由结组，也可以由教师以一定的标准进行划分。团队合作精神贯穿在整个运动季之中，学生要在固定的学习小组中合作与学习，共同练习技术、拟定比赛策略、享受成功的喜悦或是经受失败的教训。这就要求学生在小组内努力创造小组特色文化，积极捍卫自己团队的荣誉。因此，培养学生的团队意识也是运动教学模式的突出特征。

3. 教学比赛

在运动教学模式下的运动季中，比赛形式的教学和训练十分频繁，可以说几乎所有的教学活动都要以比赛的形式进行，其间也会有各种形式的正式比赛，如循环竞赛、对抗性练习、联赛等。通过不同形式的比赛，各小组可以相互检验对方的学习成果，发现自己小组的不足之处，并督促小组成员努力改进，向着最终的目标前进。一般情况下，赛程表需要在运动季的前期制订出来，并通知给各个学生，让学生能够根据赛程安排提前作准备。

4. 角色扮演

运动教学模式中，学生除了要学习运动技术和战术、参加运动比赛之外，在小组中还要担任一定的职责，如裁判、记录、管理等。每个人都要在小组中有自己的角色；这种特殊的教学模式也是将社会中正式比赛团队的角色迁移到小组当中，让学生提前适应和学习。大的团体就宛如一个小社会，学生必须要找到自己的定位，这样才能在步入社会之后找到合适自己的位置。

5. 责任分担

运动教学模式中责任分担制也是其显著特征，在小组中，每个学生都有自己的责任，每个角色都是为了小组共同的荣誉而努力训练。在小组内部，学生各司其职，一起为了小组的荣誉和利益而奋斗。这一方面加深了学生之间的感情，利于学生心理健康的发展，另一方面也培养了学生的责任感和集体荣誉感。

6. 最终比赛

最终比赛是整个运动赛季的最后阶段。在最终比赛中，全体参与者要拿出自己整个运动赛季的训练成果展示给大家。运动本质上就是一种竞争活动，而大学生正处于青春活力的阶段，喜欢争强好胜，最终比赛则为他们提供了展示的平台。

7. 成绩记录与保存

在运动教学模式中，教师要安排学生对整个运动季过程进行记录，其中，比赛时间、结果、名次，战术学习、小组学习，比赛小结、总结等都是需要记录的内容。教学过程中的记录工作由记录员负责，其要负责整个学习和比赛过程的记录，记录工作的质量和完成情况由组长和小组其他成员共同监督。在我国传统体育教学中也会有记录，但主要的记录内容是考勤和技术测验的成绩，这项工作一般是由教师完成，可见其与运动教学模式下的记录有着十分明显的区别。运动教学模式下记录的内容有助于个人和团队根据信息反馈及时改正自己的问题，衡量自己小组与其他小组的差距，对自己做出准确的判断，并让小组成员及时修正学习目标。在运动赛季结束时，教师和学生可以对整个学习过程进行总结，而平时的记录数据就是总结的重要依据。

8. 庆祝活动

庆祝活动是结束整个教学过程之前的最后一个活动，教师要和学生一起举办庆祝典礼，包括邀请特别嘉宾、赛前宣誓、赛后颁奖典礼等，还可以使用装饰品布置出很有氛围感的活动现场等。庆祝活动能让学生以更积极、更热情的态度去参与最终比赛，正式的比赛本身也可看作一种庆祝活动。

（二）运动教学模式的教法

运动教育中所使用的教学方法主要有三种，分别是：学生间合作学习、伙伴学习和教师对学生的直接指导。在实际教学中，教师通常要将这三种教学方法融合起来，但是这三种教学方法在运动季中的使用顺序有所不同，使用的频率也有所不同。教学前期，学生多要学习新的知识，练习运动技巧，因此教师对学生的直接指导会比较多，学生主要的学习内容是接受知识；教学中后期，学生需要巩固所学，并在实践中训练自己的应用能力，因此合作学习和伙伴学习的方式会比较常用，这两种方式更能发挥学生学习的主动性。

1. 直接指导法

教育的本质就是学习主体之间的指导学习，作为学习化社会，教育发展的最终目的就是推进社会和个人的进步。新的教育本质的概念既强调了教育者作为培养人才主体的重要性，也强调了受教育者学习主体的重要性，这与传统的教育概念有质的区别。虽然教育通常是让受教育者学习客观知识，但是教育实践中却不能将知识强加给受教育者，而是要以受教育者为中心，指导其进行学习。指导学习法契合新的教育本质概念下教育者与被教育者双主体的理念，体现出了教育的基本属性。

运动教学模式下的教学活动和步骤大都使用了指导辅助教学方法，能最大限度地调动学生的积极性和主动性，体现出了学生的主体地位。例如，建立学习小组、给学生分配小组角色、给学生真实的角色体验；组织战术学习、赛前准备等。

2. 合作学习法

合作学习法最初在美国兴起，20 世纪 70 年代，由于合作学习法能有效改善课堂学习氛围，提高学生的学习成绩，其在教学上的改革受到了很多人的赞赏。合作学习法有很多优点，如目标性、互动性、师生多维评价性和情境性等，对提升学生的技能和认知等能力十分重视。在运动教学模式中，学生通过小组的形式进行学习，在小组中扮演不同的角色，承担不同的学习任务。这能让学生积极承担责任，为学生营造民主的学习氛围，体验到集体的归属感，不断其自己继续努力，达成个人和集体的学习目标。

3. 伙伴学习法

伙伴学习法就是运动小组内的成员们为达到运动小组整体的教学目标而组织小组成员互相帮助的一种学习方式。这就需要技术水平较高的学生在小组学习中对水平不足的学生进行技术引导，帮助他们改进运动技术并在竞赛实践中达到自身运动技能提高的目的，继而让小组整体的竞赛水平得到提升。

二、运动教学模式的实际应用

（一）模式自身属性层面

我国相关学者对"体育教学模式"的研究时间很长，即使到现在依然抱有很大的研究热情。在这些研究成果中有诸多教学模式，如称谓启发教学模式、小群体教学模式、情景教学模式、俱乐部教学模式、快乐体育教学模式等。但是当对其进行分析时就会发现，这些教学模式和教学方法之间其实并没有本质性的区别，因此也无法准确判断它们究竟属于教学模式还是教学方法。如果说它们是教学模式，那么它就必然要有能对实践进行指导的结构和程序以及教法体系，而不是仅仅介绍几个教法步骤就可。因此，当我们想要去定义一种教学模式时，首先要把握清楚教学指导思想，厘清教学模式的真正要义，且最终的教学模式一定要有完整的教学结构体系，能够指导教学实践。教学过程结构是教学模式的"骨架支撑"，教学方法体系是在"骨架"上填充起来的"肌肉"，教学思想则在教学过程结构和教学方法体系之间充当协调和指挥的"神经"。只有让指导思想、教学过程结构和教学方法体系在教学模式中达到协调统一才能让教学实践的操作程序更加完善，让教学模式真正地在体育教学中有效运用。从体育教学模式的属性方面分析，运动教学模式已经是比较完善且成熟的体育教学模式了，它非常契合体育教学模式对具体教学模式的要求。

想要准确把握运动教学模式，我们首先要了解教学模式的本质。想要验证一个教学模式是否行之有效，首先就要从社会、哲学、心理和教育等层面对其理论基础进行全面深入的解读，领会其精髓，因为理论基础是教学模式建立的基石。只有在理解这种教学模式的思想要义、理论基础之后，再深入分析其运作程序，才能依据教学内容来选择与之相适应的教学模式，才能在将教学模式应用到教学实践中时不至于盲目使用或者流于形式。此外，从教学的外部因素看，同一类型知识的教学可以使用相同的教学模式，但是在选择教学模式之前，教师必须要对知识的类别做细致的甄别划分，并对知识类群的大小有所了解。知识体系的不同决定了教学模式的选择和使用必然有所区别。一种教学模式不可能适用于所有年龄段学生、所有知识内容、所有教学情境。因此，运动教学模式的使用也必然有所要求。教师在使用这种教学模式时要考虑教材的内容和教学目标、学生的身心发展规律、教学课程安排等因素，让教学效果得到最大程度的优化。

（二）实践运用层面

1. 从教学对象入手把握

教育包括三个因素，即教学对象、教育媒介和教育者。其中，教学对象是决定教学模式选择的最重要的影响因素，因此教师必须要对教学对象进行准确把握。针对不同年龄段的学生，教师所采用的教学模式也应不同。对于大学生而言，体育教学中多为专项教学和训练，要让学生在学习过程中加强技能训练，培养终身体育的能力和意识，锻炼学生的运动能力。因此，运动教学模式在实际应用中要充分发挥结构优势，强调学生自主管理、组织学习能力的培养，发挥学生的积极主动性，结合教师的主导性，提升教学质量。

2. 从教材内容上分析

任何事物都有两面性，对于体育教学模式而言也是如此，教学模式的选择必然要根据教材内容来决定。在根据体育教材选择教学模式时，教师必须对教学模式有所分析和甄别。例如，传统体育教学模式对动作技术的要求比较高，更追求细节上的完美，而运动教学模式则更适用于集体对抗性运动项目的教学，因为这种教学模式强调将比赛贯穿在教学过程之中，有利于学生参与运动时的感知能力的提升。

3. 在课程设置上的要求

运动教学模式更强调项目的运动文化和运动技能，其将教学目标进行了更深层次的表达，在实践教学中提倡大单元教学，因此这种教学模式对教学课时的数量有一定要求。如果教学课时数比较少，那么该教学模式就无法完整地运行，优势也无法完全发挥出来。当然在实践当中，教学课时数量也可以根据实际情况作出调整，对于有一定学习基础的学生，课时可以适当缩短，对于无基础的学生课时就要适当延长。一般情况下，运动教学模式每个单元的课次要在 20 个以上，竞赛期的长短、竞赛的竞技程度则要依据课次的多少来决定。一般而言，竞赛期长短、竞赛项目的竞技程度和课次的多少成正相关关系。

三、运动教学模式的优势

（一）心理发展方面

人的认知过程是对输入大脑的信息和符号进行加工和处理并解决问题的动态过程。因此，在教学过程中，教师必须要尊重人的认知规律，让教学过程和教学方式符合学生的认知特点。而运动教学模式的教学目标和教学模式的结构特征都切实体现了学生为主体的特性，让学生在学习中主动进行探索并参与小组管理，提高了学生发现问题和解决问题的能力。

通过参与体育活动，学生能够缓解抑郁和焦虑等不良情绪，这一作用发挥的最佳方法是参与运动竞赛。在这个过程中，不仅个人的负面情绪可以得到有效发泄，学生的个人也能在团队中重新定位，能在团队中找到强烈的归属感。在竞赛过程中，每个学生都在竭尽全力为小组贡献自己的力量。

（二）社会发展方面

从社会学的角度进行定义，社会化就是一个人为了融入社会而学习和承担责任的过程。学校的体育教育能够有效促进学生的社会化，并且在这方面显示出了独特的优势。想要发挥体育的这种优势就需要教育者形成先进、科学的教育思想，在正确教学思想的指导下对课堂教学进行把控。可见，体育课堂教学必须要使用社会化的教学组织形式才能实现优势的最大化，而运动教学模式则很好地契合了这一要求。在运动教学模式下，小组教学贯穿整个教学过程，在小组当中也设有许多具体的角色，承担相应的职责，通过这种社会化的小组结构，小组内的成员能产生更紧密的联系，使其能为提高小组的整体运动水平而共同努力。

（三）运动生理学角度的优势

在体育教学中，教师容易过分强调运动技术的学习，甚至认为技术是技能形成和提高的唯一决定因素，但人是一个统一的整体，个体具有生命力，如果忽略了这些，技术性训练只能事倍功半。在实践中，我们也经常能发现许多技术掌握程度很高的学生在比赛中的表现却不理想，反而是没有经过正规学习，但是经常参加运动的学生能在比赛中有更亮眼的表现。体育运动的技能正是表现在这种游刃有余的运动水平上。

意识对于学生的运动水平而言是十分关键的影响因素，甚至比技术还要重要。因为想要发挥出高超的运动技能，神经对肌肉就要产生迅速且正确的支配，从而让大脑与肢体之间有默契的配合。如果缺乏运动意识，技术效果也很难完美展现。运动水平是通过对比赛环境的熟悉程度来决定的，学生对运动项目的理解越到位，意识水平就会越高。因此，教师在教学过程中要重视对完整的运动环境的再现。

第五节 翻转课堂模式在体育教学的运用

一、翻转课堂教学模式概述

翻转课堂在最近几年一直是国内外教育界研究的热点。在这种教学模式下，学生要在课前通过观看教学资料的形式自学，然后在课堂上与同学和老师进行答疑互动，共同解决问题，课后再进行总结。翻转课堂教学模式是一种新颖的教学模式，学生通过混合式的学习方式进行学习。从教学实践中能够看出，翻转课堂的主要作用在于激发学生的学习兴趣，提高学生的知识掌握程度，营造良好的课堂学习氛围。随着高校体育教学改革的不断深入，传统的教学模式已经逐渐被淘汰，体育教学模式在不断完善，体育作为实践性很强的学科，具有其他专业所不具备的特点。

翻转课堂模式则为体育教学模式的创新提供了新思路。随着信息技术与教育领域的不断融合，教学理念的不断更新，教学手段和教学方法也在逐渐丰富。近些年，教师和学生对翻转课堂教学模式越来越青睐。翻转课堂教学模式下，教师能通过网络教学系统查看学生的学习情况，并针对不同学生的学习情况采取不同的教学方法。教师的教学资源来源更加不受限制，学生的学习也不再受时空限制，提高了教学资源的利用效率。因为种种优势，翻转课堂逐渐受到了教育工作者的重视与青睐。

（一）理论依据及目标原则

教学模式一般包括：理论依据和目标原则、实现条件和所需资源、教学和学习程序、教学效果评价等要素。

翻转课堂的理论依据是以"现学后教"为思想基础，在教学过程中充分重视学生的主体性和教学参与性。对于高校体育而言，理论依据则是根据大学体育的教学特点及斯金纳提出的操作性条件反射的训练心理学，让学生在以视频为学习资料的过程中一边吸收知识，一边对其进行理解和练习，遇到不懂的地方可以反复观看。

从教学目标和原则方面上分析，大学体育的教学目标是让学生巩固在中学和小学阶段所学到的知识，让学生养成更科学的锻炼习惯。

教学程序方面，翻转课堂模式有优质的视频教学资源和能够交互的学习社区，并在此基础上开展慕课教学。因此，基本的教学程序可以设计为：首先预习教学内容，有针对性地观看教学视频来学习，在这一过程中激发学生的学习动机，随后进行课堂授课，学生与教师交流，接受学习指导，在此过程中完善自己的知识和技能，之后再通过实践加深对知识的理解，强化自己的知识掌握程度。

从实现条件和教学资源方面分析，信息技术与教育的不断融合，让慕课的发展不断成熟，出现了许多高质量的视频教学资源，而互联网的普及也为师生间的交流互动提供了平台。教师可以根据教学需要准备自己的教学资源，一般包括动作演示视频、理解性练习、课下实践活动、实践活动的摄像记录、专题研讨等。由此可见，翻转课堂体育教学模式能够激发学生的学习兴趣，培养学生自主学习、发现和分析问题并寻找解决办法的能力，可以让学生更好地适应社会发展。

教师在教学过程中要及时了解学生的学习情况并对其进行指导，鼓励学生在学习过程中发挥主动性，同时也要注意到不同学生的问题，因材施教。在学生的评价方面，教师要注意体育教学与其他学科教学之间的差异，考试成绩不能完全反映学生的学习成果。因此，教师要制订出合理的教学评价体系，"健康第一"是高校体育教学的主要指导思想，教师要重视学生的身心健康发展，并将其作为考查学生学习成果的指标。

（二）在体育课堂中的实施意义

对于高校而言，体育教学是体育工作的核心，体育教学分为体育理论知识教学和实践教学两部分。体育实践活动是体育教育的重要组成部分，体育实践也是检验学生体育学习成果的基本方式。

目前，我国大学体育理论的课堂教学并十分不到位。传统体育教学模式下，教师和学生对体育理论课程教学理念的认知有很大误解，由于课时的限制，很多教师对理论教学也不很重视，教学方法也缺少创新。这就造成了大学体育理论课程教育既缺乏新意也缺少方法，同时也无法做到因材施教，翻转课堂模式则为体育理论教学带来了新的发展机遇：首先，翻转课堂由于依托于网络平台和信息技术，能够突破传统模式下课堂的时空限制和教学资源限制，让学生能根据自己的实际情况学习体育理论知识。其次，翻转课堂形成了学习社区，教师、学生和教学资源之间的联系和相互作用更加深化。最后，翻转课堂教学模式能够实现因材施教和分层教学，学生能充分发挥自己的主观能动性，在学习过程中寻求教师的指导，通过资料学习深化学习成果。

二、翻转课堂教学模式在体育教学中的应用

将翻转课堂教学模式应用到体育教学中能有效激发学生的学习兴趣，培养学生的综合学习能力；同时可以让学生的学习时间和空间都得到有效拓展，营造出师生团结协作、共同提高的学习氛围。翻转课堂本身的特性也能让体育教学的课时得到有效延长，许多难以快速学习的动作能通过视频的示范功

能进行细化和分解。通过翻转课堂教学，学生能将理论知识和技能动作进行融合和内化，提高体育教学的质量。因此，教育者要将翻转课堂教学和体育教学的专业特点结合起来，构建出适合体育教学的翻转课堂模式。

翻转课堂教学模式包括以下几个阶段：准备学习资料、学生利用学习资料自主学习、课上的知识讲解和内化和课后总结评价。在体育教学实践中也大致按照以上的程序开展，具体的教学程序可以参照图 4-5-1 的结构设计。

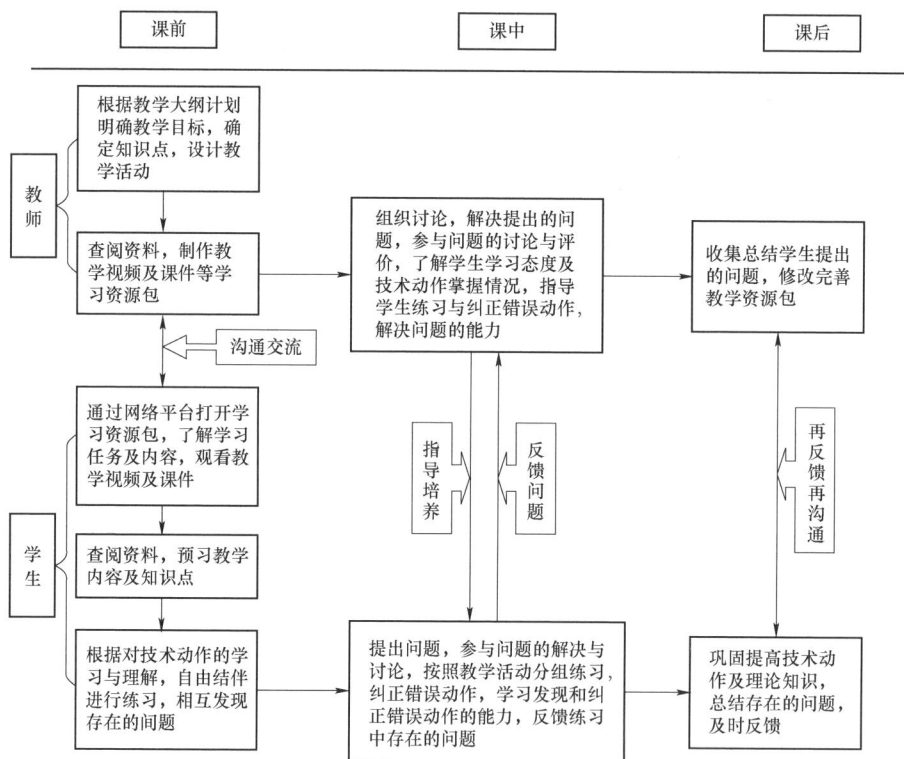

图 4-5-1　基于"翻转课堂"高校体育教学模式结构图

（一）课前准备阶段

教学目标是教学活动开展的指导，也是教学活动的出发点和最终目的。因此在课前准备阶段，教师首先要根据本阶段体育教学的大纲和计划制订明确的课堂教学目标，根据目标设计翻转课堂教学程序。教学目标的设定要重视提高教学的时效性，形成动态发展的教学目标并根据实际教学情况不断对目标进行修正，让课前、课中和课后阶段形成整体的三维目标。其次，明确教学内容，划出重点知识。在翻转课堂教学模式下，教学内容的体系要完整，且要合理安排其结构。教师要以学生的知识掌握水平和学习能力等为依据，选择合适的教学素材，并对其进行加工处理，使其更加符合学生的学习要求。教师要明确每个阶段的学习任务和学习内容，利用信息技术将相关的知识和要点表现出来，让学生能够轻松学习。在制作学习资料方面还有许多技巧，如教师可以制作 PPT、二维或者三维动画图解，录制运动员的比赛视频并将其制作成教学资料等。此外，教师也可以在网上寻找一些资料作为教学资源。例如，教师可以通过网络公开课平台或者比赛视频等寻找合适的资料，制作成教学资源。在制作过程中，教师要加入一些自己的讲解，让学生能通过对视频的观看更直观地学习相关知识。

对于一些难以示范的动作，教师可以制作二维或者三维的动画来分解动作，并配上文字和图解等，让动作讲解更加具体，学生学习起来也更加方便。教师制作的学习视频不宜过长，要简单清晰，并要时刻注意视频内容不能脱离教学目标和教学内容。因此，教师制作的视频资源要根据教学单元的具体安排来选择内容，做到由浅入深、由易到难，对每个教学环节都要重视。这样学习者就能节省学习时间，提高学习效率。

在翻转课堂教学模式下，学生要锻炼自己自主学习的能力、发现和解决问题的能力，主动学习新的知识。首先，学生通过学习系统或者网络社交平台获取教师所发布的学习资源，从中了解教师所规定的学习目标、学习任务。其次，学生通过各种学习资料学习相应的技术动作和理论知识，对本节课的学习内容进行初步的理解，形成大致的印象，最后，通过视频资源观看动作示范和讲解，初步掌握动作的相关技巧。在学习过程中，学生也要主动发现自己的问题并及时寻找解决办法，对于无法解决的问题要留待课堂上请教教师。学生在课前学习环节，由于好奇可能会尝试去主动练习，但是因为缺少指导，动作难免会出现一定的问题，时间长了就会形成错误的习惯，因此，学生的课前练习一定要适度，不要过于频繁，且要在充分观看教学视频的前提下以小组的形式进行，让小组其他成员监督和指导，尽量减少错误的发生。

（二）课中融合与内化阶段

课中阶段是学生集中解决学习中遇到的问题的阶段，教师要为学生答疑解惑，并指导学生完成具体的身体练习，让知识内化。具体而言，教师首先要再次强调本堂课程的学习任务，总结学生在学习中遇到的所有问题并分类，让学生分组进行讨论和交流。通过这种自主探究型的学习，学生能够解决一些能力范围内的问题，并通过这个过程培养自己的自主学习能力和合作能力。对于一些学生难以自己解决的问题，教师要引导学生在已经自学到的知识的基础上来思考，让学生养成正确的思考方式，进一步培养学生自主学习能力。课前的知识学习能让学生初步掌握本课所学内容，让课堂讲解和示范的时间缩短，从而有更多的时间用来练习。在完成问题解答之后，教师可以按照学生的练习水平将学生分层，然后有针对性地教学。在指导练习的过程中，教师要重视对学生错误动作的纠正，总结学生错误的原因，并指导其如何做出正确动作。教师要让学生了解出现错误的原因，使其从根本上理解动作的正确做法，同时也要让学生逐渐形成自我纠错的思维，懂得如何寻找失误的原因并进行纠正。此外，在课堂训练过程中，教师也可以让学生尝试讲解和示范，这样学生在练习的过程中不仅能够学会如何做还能学会如何教，这对传统体育教学模式而言是一种目标上的突破，为学生的终身体育打下了基础。

对于学生而言，课前的自学是对知识的基础学习和掌握。在课堂的交流互动过程中学生能够自己解决学习中遇到的问题，培养自学和探究性学习的能力。在讨论过程中，学生要积极主动参与，大胆提出观点，否则课堂讨论就没有效果。在分组讨论过程中，每组要选择一名同学将学习中的问题和讨论结果反馈给教师，教师再作总结和评价，并对学生的问题进行答疑；小组成员之间也要相互纠错，共同提升，这样一方面能提高学生的自学和观察能力，另一方面也能促进师生和学生间关系的融洽，营造和谐互助的学习氛围。

（三）课后反馈提高阶段

课堂阶段结束后，教师要对整个翻转课堂的学习效果作出评价和总结，如课前自学阶段学生的学习主动性和积极性、学生使用的学习方法是否合理、通过自学阶段达成的学习效果等；课堂阶段学生练习时出现的错误、学生的学习态度、练习的最终成果等，并从中找到问题，探寻其原因，最后对翻转课堂的教学方案进行修改，通过完善教学资源制作、监控学习过程、创造和谐的协作学习的氛围和环境等方式改进教学过程，提高教学质量。通过师生间的沟通和交流，教学过程中的问题能不断得到解决，教学任务和教学目标也在不断变化和发展的过程中逐渐得到提高，学生的运动技术水平也能不断得到提升。

对于传统体育教学模式而言，翻转课堂的应用解决了许多原本无法解决的问题。翻转课堂教学模式是教学与信息技术的深度结合，让学生的学习更加自由，突出了学生的学习主体作用。课堂前自学的形式让课上有限的时间更多地被用在技能练习上，采用多媒体的形式也让动作示范更加清晰，学生也更能了解动作的构成和标准，从而让自己的动作更加规范。网络平台的构建让师生之间的联系和交流更加方便，便于学生在课下随时学习和向教师请教，保证了教学的实效性。翻转课堂教学模式已经逐渐被高校体育教育接受，在诸如体育舞蹈、棒球等项目中得到了很好的应用。

第六节　俱乐部模式在体育教学的运用

一、俱乐部模式概述

（一）俱乐部教学模式概念

《辞海》对俱乐部的概念解释为：俱乐部是机关、团体、学校中文化娱乐场所的通称[①]。《现代汉语词典》则将俱乐部定义为能够举行政治、文化、社会和文化体育娱乐活动的场所。

体育俱乐部是人们自发组成的、从事体育活动的社会组织，它是人们为了促进身体健康，保持成员间和谐而持续不断进行体育活动的一种组织。体

---

① 夏征农，陈至立. 辞海［M］. 上海：上海辞书出版社，2009.

育管理部门将社会团体、企事业单位和个人所创建、使用非政府财政拨款举办的、主要内容为体育活动的基层体育组织称为体育俱乐部。

部分学者将体育俱乐部定义为：体育爱好者自主自发结合而形成的、以促进身体健康和人际和谐为目的的、持续进行体育活动的组织。

而有的学者则对高校体育俱乐部作了这样的定义：高校体育俱乐部是高校学生因共同的体育爱好聚集在一起，为了完善自我而自主选择体育活动项目形成的带有社团性质的体育团体。它是学校组织体育活动的一种模式，也是高校体育文化现象的一种。

学者们对体育俱乐部的教学模式也作了定义：体育俱乐部教学模式是一种以终身体育为教学思想，为了实现终身体育的教学目的，在教学过程中重视学生的个性化发展，突出学生的学习主体地位，培养学生的终身体育意识和体育能力的教学模式。

综合以上分析，本书对体育俱乐部教学模式作出以下定义：体育俱乐部教学模式指的是打破传统班级授课制度，以终身体育为指导的，让学生自主选择学习项目、指导教师和学习时间，组成教学班级，以俱乐部的形式开展体育教学的新型教学模式。

（二）俱乐部教学模式意义

1. 有利于增强学生的体育意识

俱乐部教学模式在高校体育教学中的应用有助于提高学生的运动技能水平，培养学生的体育兴趣，提高其体育自主学习和终身学习的意识。在俱乐部教学模式下，学生要加强自主性和自律性，积极参与俱乐部组织的学习交流和观摩等教学实践。在这种教学模式下，学生也能发挥自己的专长，变被动学习为主动学习。俱乐部模式下的体育教学不再重视权威知识的传授，而是让学生通过自主学习收获知识。此外，在俱乐部教学模式下，学生能够直接参与教学活动，在体育项目选择上也更加自主，既满足了高校对体育教学的目标要求，也为学生的终身体育打下了基础。

2. 有利于提升学生的人际交往能力

教师通过改革教学方法和组织形式，营造宽松自由、民主平等的学习氛围，让学生在相互交流学习、支持帮助的过程中加深了理解，增进了友谊。

在运动学习和实践过程中，俱乐部成员之间、队与队之间、运动员与观众之间都会有频繁的交流。在这一过程中，学生之间能加深对彼此的了解，增强团队协作意识，形成坚固的友谊。学生也能积极融入集体，与社会进行初步接触，提高自己的人际交往能力。

3. 有利于培养学生个性心理

体育俱乐部教学模式下，学生可以根据自己的学习兴趣和专长来自主选择学习项目，在教学上也能尊重学生之间的差异。具体而言，俱乐部教学模式实施分层次教学方法，让每个学生都能根据自己的实际情况在团队学习中找到自己合适的位置，在学习过程中既收获知识也能获得快乐。而学生在得到肯定之后，又能以更多的信心和更大的积极性参与到今后的学习中，并以更高的标准来要求自己，让自己拥有进步的动力，同时也能培养其自主解决学习中问题的能力。高校体育俱乐部是根据学生的爱好而组成的团体，其教学也是根据团体的体育爱好而进行的。因此，在实际教学中，学生之间和师生之间的关系就会更加和谐、融洽。

4. 有利于培养学生的终身体育观

在俱乐部教学模式下，学生能够自主选择体育项目、学习时间和授课教师，学生学习的自由性和自主性得到了很大的保证。在学习过程中，学生也能以更大的积极性和热情投入到学习中，无形中提高了他们对体育的兴趣。在学习过程中，俱乐部也会经常组织有趣的课外体育活动，让学生在课外活动中也能得到教师的指导，保持了学生在教学和课外活动中学习的连贯性。同时，丰富的课外活动和有特色的教学方式也让教师有了更大的教学积极性，能使其在教学中发挥出自己的专长。

二、实施体育俱乐部教学模式中面临的问题

（一）较大的管理难度

体育俱乐部教学模式让学生的自主性得到了更大的发挥，但是对于教学管理却是一个挑战。因为学生健康意识有待加强，体育锻炼的自主性不足，

学生的兴趣爱好也各不相同，这就导致对学生的管理也要重视其差异性，传统的教学管理方式无法满足新教学模式的需求。因此高校和体育教师必须要针对俱乐部教学模式制订新的管理模式，寻找合适的管理方法。

（二）师资问题

学生所喜欢的项目五花八门，且不一定是教师擅长的项目，许多体育教师不得不边学边教，教学质量很难得到保障。教师的教学水平影响了该项目俱乐部的发展，因此师资不足的问题必然会制约高校体育俱乐部教学模式的发展。

（三）场地、人数等问题

高校体育俱乐部的规模不宜过大，上课的人数也不宜过多，否则教学效果就无法得到保证。因此在实际教学中，教师应按照项目的实际情况对俱乐部的人数作出限制。例如，比较普及的运动项目每次俱乐部活动人数可以在30人以上，而一些举办条件比较严格，且受到场地制约的项目则应当适当减少人数，控制在20人左右。

（四）资金方面的问题

资金问题是制约高校体育俱乐部发展的重要问题。体育教学俱乐部的经费多是由学校拨付的，社会赞助和协助办学单位相对很少，俱乐部缺少融资单位。许多俱乐部场地和器材比较老旧，无法满足教学需要。只有解决了俱乐部资金的问题，才能让高校体育俱乐部发展再上一个台阶。

三、高校实施体育俱乐部教学模式的问题对策

体育俱乐部教学模式能够实施的关键在于体育教学俱乐部能否运行良好并在运行过程中不断得到完善。不同院校之间由于资金、教学实力和学生水平等差距，体育俱乐部教学的效果和水平也不相同。因此，如何建立起相对稳定的教学机制，让高校体育俱乐部能满足教学、学生和社会的要求，仍需广大学者和教学人员进一步探索。高校体育俱乐部教学模式在实践当中应重

视以下方面工作的开展。

（一）提高对体育俱乐部教学模式的认识

高校要不断加深对体育俱乐部教学模式的认知，以"以人为本，健康第一"为核心原则，以终身体育为教学目标，开展体育教学。俱乐部教学模式符合现代体育教学的发展趋势，高校体育俱乐部与社会上的职业俱乐部不同，它是高校为了开展体育教学而成立的组织，其目的是提高学生学习体育的积极性，培养学生的终身体育意识。它的出现有效解决了传统体育教学模式趣味性、实践性不足，教学效果不佳的问题，激发了学生的体育学习兴趣，促使学生主动参加体育活动，让学生的校园文化生活得到丰富。

当今社会逐渐向着多元化发展，为了适应社会发展和学生自身发展的需求，传统的以体育竞技为目标的教学模式必须进行改革。体育教学俱乐部模式能更好地推动高校体育事业的发展，让学生形成终身体育的意识，丰富有趣的体育实践活动也能充分调动学生的体育积极性，真正提高学生的身体素质。

（二）增加项目的设置

高校发展体育俱乐部教学模式要逐渐增设体育项目，建设更多的体育项目场地，满足学生的个性化体育需求。从当前体育教学俱乐部的课程设置来看，想要满足学生的学习需求还需要做很多努力，课程不够丰富也是学生对体育学习逐渐失去兴趣的原因之一。因此，高校体育俱乐部应当将体育活动的对抗性和趣味性发挥出来，以健康、实用和休闲为前提，开设更多、更丰富的体育项目，吸引学生主动参与。此外，多开设项目也能有效缓解场地不足的问题。开设的项目越多学生就会越分散，这间接减少了学生集中到几个项目情况的发生。教师也要做好介绍和指导，让学生进一步了解学校所开设的项目，根据自身的情况选择合适的项目。

（三）完善体育教学俱乐部的类型

高校要逐步完善体育教学俱乐部类型设置，让课外体育俱乐部逐渐向课内过渡。目前，我国高校体育俱乐部教学模式开展的方式主要有两种，即课内体育俱乐部和课外体育俱乐部。采用课内体育俱乐部模式的高校由于体育课时间等的限制，学生的锻炼时间较少，课余时间锻炼也缺少教师的指导，因此学生只能进行盲目练习。实施课外体育俱乐部教学模式的高校也缺少与新模式相对应的教学管理和运行机制，对学生兴趣的引导和激发不足，学生在学习过程中也缺少锻炼的动机。因此，总的来说，高校体育课堂教学仍然存在问题，无法很好地实现培养学生终身体育习惯的目标。因此，今后高校体育俱乐部教学模式发展的主要路径就是逐渐向着课外俱乐部发展，并在此基础上建立完善的体育教师师资队伍，加强教学管理，借鉴其他院校的成功经验，完善课外俱乐部的运行机制和组织形式，让课外俱乐部与课内俱乐部结合。只有这样，高校体育教学俱乐部才能满足学生的学习需求。

（四）加强师资队伍的建设

加强师资队伍的建设，拓宽教师的专业领域。教育改革的目的在于提高教学质量，《中国教育改革和发展纲要》提出：民族的振兴在教育，教育的振兴在教师，建立一支具有良好的政治素质、年龄结构合理、相对稳定的教师队伍是根本大计。建议加强对年轻教师的再培训，开设相应专业的进修班，让体育教师不断完善自己的知识。在校可开展互帮互助教学活动，即由教授级别的教师辅助讲师，讲师辅助助教，助教辅助新任教师，以此来加强交流，使体育教师在完善自己专业的同时加强其他专业的学习，提高教师的素质和专业水平。对一些老教师要做好思想培训工作，因其受传统教学的影响一时很难转换自己的角色，所以要做好他们的思想培训工作，使其真正认识到实施体育教学俱乐部的好处，帮助他们完成角色的转变。其次加大对年轻教师的评选力度，特别是在科研成果和教学方面起到带头作用，以此来激励教师拓宽自己的专业和提高自己的学术水平。要加大紧缺专业教师的招聘，并对其做好岗前培训，在招聘过程中对于"一专多能"的教师要优先考虑。最后要不断提高教师的待遇和福利，不仅要在工作上给予帮助，在生活上也要加强对教师的关心和爱护，帮助教师解决一些实际问题，让教师能全身心地投入到教学中。

（五）提高场馆的利用率

根据《普通高等学校体育场馆设施、器材配备目录》说明，体育场馆设施器材设备是保证体育教学、课外体育活动和课余运动训练、竞赛正常进行必不可少的物质条件，是落实"健康第一"指导思想、培养学生终身体育意识的载体，也是检查、督导、评估、规范学校办学工作的重要内容之一。

通过对高校实施体育教学俱乐部进行调查发现的问题，建议加大对体育场馆的投资。这首先要引起领导的重视，将学校的硬件设施提高到一定的水平。特别是学生要求强烈的项目，在场馆投资时要做好学生的调查，对学生关注较高的场馆在投资建设时可有所倾向。同时，要合理充分地利用好现有的场馆设施，提高场馆的利用率，适当延长场馆的开放时间，不要使场馆闲置，定期对场馆设施进行维护，提高场馆设施的使用寿命。周六、周日可对学生开放，并收取一定的费用。这样不仅减轻场馆不足的压力，而且可以提高学生在课余时间的有效利用率。节假日要对场地的开放进行科学合理的规划，并进行统一安排。对于场地要求不高的项目，要充分利用自然条件，如广场、草坪等，以缓解场馆的压力。

第五章　教学改革视角下的
体育教学实践

本章为教学改革视角下的体育教学实践，分为四部分内容，依次是田径运动、球类运动、健美操运动和武术运动。

第一节　田径运动

一、田径运动概述

（一）田径运动概念

《国际田联章程》第一条规定：田径运动是指径赛和田赛、公路跑、竞走和越野跑组成的运动项目。

改革开放以来，我国田径运动与国际田联接轨，田径工作者和运动员尊重、遵守国际田联的规定、规则，参加国际和国内田径运动竞赛，实现了为我国争光的奥运战略任务。

在竞技体育中，田径运动以其金牌大户的地位成为我国重点发展的项目；在全民健身计划中，田径运动以全面锻炼人的身心成为推广重点；在学校体育教学中，田径运动以其可以良好地实现德、智、体全面发展教育方针成为一项战略任务。以上三者互为依存，各有特点。可以说，在体育运动的任何一个方面，田径运动都担当着极为重要的角色。

（二）田径运动特点

1. 丰富的内容

田径运动历史悠久，内容丰富，项目之多是其他体育运动项目无法比拟的。具体来讲，田径运动包括实用田径运动和竞技田径运动两大类。其中，实用田径运动主要包括自然环境中的田径运动（如自然环境中的走、跑、跳、投以及克服各种障碍的健身运动和游戏等）、趣味性田径运动（如跑、跳、投或者其他的综合项目，根据国际田联推广的田径趣味项目划分，包含田赛与径赛，这两个项目又分为其他子项目）、健身性田径运动（健身走、健身跑、健身跳、健身投）。田径竞技运动项目主要包括竞走、跑、跳跃、投掷以及由跑、跳、投部分项目组成的全能运动五类，各级别比赛项目总计多达几十项。

2. 广泛的群众基础

通过很长一段时间的发展，田径运动已拥有了广泛的群众基础，主要表现在以下几个方面。

首先，田径运动项目众多，不同的项目都可以使参与者的某一方面机能与素质得到锻炼与改善，因此田径运动有助于全面改善人体健康水平和身体素质。人们可以根据自己的爱好选择适合自己的项目，还能够根据个人的身体状况和需求，有计划、有目的地安排不同项目的健身锻炼。

其次，参与田径运动多是以个人为单位的，参与人数不受限制，因此，从事田径运动，可以是个人的锻炼，如晨练长跑，也可以是多人的竞技比赛。

再次，与其他项目相比，田径运动受到的条件限制较少，通常情况下，可以在有一定空间的室外及其他场所，包括田间、公路、公园等地进行田径运动。田径运动受时间、气候的影响也较小，可以安排在任何时间进行，这是其他大多数运动项目无法比拟的。

最后，田径项目的器材比较简单。参加运动时可根据条件因陋就简，也可以自制运动器材。

3. 严格的技术要求

为了不断提升田径运动竞技水平，专业运动员必须充分发挥个人在各个运动环节上的高度协调和配合能力，这就需要我们对田径教学中所采用的基本技术进行分析研究。田径运动的技术要求在瞬间达到高精准度，协调每一个动作、身体的每个环节或每个肌群的用力和放松的时间及顺序，才能达到技术上的完美。在田径运动竞赛中，运动员往往可能因为一个动作细节出现偏差而导致动作失败。因此，在参与田径运动过程中，必须实现技术的精确化，确保技术动作的精准。

4. 激烈的比赛竞争

在田径比赛中，运动员需要进行能力、技术和心理的较量，尤其是在高水平的比赛中，这些方面的竞争更加激烈。现在，田径运动员的成绩越来越接近。田赛项目的成败取决于运动员瞬间水平的发挥，而径赛项目运动员同在一条起跑线，全程都需要拼搏，比赛中充满了激烈对抗的氛围。

（三）田径运动意义

1. 有利于提高身体素质

长期参加田径运动锻炼，不仅能够有效改善人的肌肉、骨骼、神经系统和循环系统，还能够提高心理素质的稳定性，使身体素质得到全面增强。

一般来说，人的身体素质主要表现为力量、速度、耐力、灵敏和柔韧性等，通过不同的田径项目锻炼，能够有针对性地集中提高某一种素质。比如，短跑不仅能够使人的最大摄氧量提高，还能对中枢神经系统兴奋和抑制的灵活性有促进作用；跳跃项目的锻炼能够进一步加强和提高人的感觉机能和爆发力；投掷项目对于人肌肉的发达、力量的增强以及人体灵活性的提高都具有促进作用。

2. 有利于培养意志品质

长期参加田径运动锻炼，不仅能有效提高了人的身体素质，还能培养人们良好的意志品质。具体而言，主要表现在以下几个方面。

第一，田径运动中的任何一个项目都对运动员提出了较高的要求，要求他们不仅要在一定限制的条件下表现出最强的能力，也要始终保持必胜的信心，而且还要有克服一切困难和正视一切挑战去实现自己目标的勇气。

第二，田径运动的进行是在严密的组织和严格的规则、要求下完成的。

通过田径运动锻炼，有利于人的责任感和集体主义精神的培养。

第三，田径运动通常是个人项目，运动员要想取得好的成绩，就必须通过相应的方法和手段来不断完善自己。除此之外，田径运动还具有技术变化小、单一重复的动作多的特点。因此，通过田径运动锻炼，有助于人吃苦耐劳、坚韧不拔精神的培养。

3. 有利于提高运动技能

田径运动是体育运动中项目最多、奖牌最多的运动项目，素有"得田径者得天下"之说。因此，人们对田径的关注度较高。在综合性竞赛活动中，田径是必设项目。田径运动项目多、内容丰富，走、跑、跳、投和全能不仅具有较高的竞技水平，还各具特色。例如，短跑项目能够使人短时间、高强度的竞技能力得到有效提高。

二、田径运动教学的改革发展

（一）田径教学存在的问题

1. 教学方法单一

目前，虽然田径教学改革已经进行了一段时间，也取得了一定的成效，但是当前我国普通高校的田径教学的方法仍然主要是教师讲解示范、学生听、看、模仿的教学方式。所以，我国田径教学还存在着教学方法单一的问题。

2. 田径选项课人数少

随着近些年来学校体育教学改革的不断深入，自主教学的体育教学模式得到了大力推广，学生可以按照自己的爱好以及自身的发展需求自主选择想要学习的体育科目。有赖于此，不少高校学生都会根据自身的能力、素质选择球类或者一些比较简单、容易学习的运动项目，田径教学作为高校体育的基础学科，由于其趣味性较低和难度性较高，较少有大学生会选择田径课，致使田径教学遭遇"冷场"的尴尬处境，这一定程度制约和影响了学校田径运动的发展。

3. 存在重竞技或轻竞技的现象

受传统观念的影响，学校田径教学主要偏重的是竞技田径教学，这种过分追求田径竞技性的教学方式，严重偏离了高校体育教学的大目标，造成传统田径教学走进了误区。随着高校体育教学的改革不断推进，传统的、注重竞技性的教学方式已经逐渐失去了其原有的地位，一些学校为了适应改革的需要，在田径教学中过度削弱其竞技性，只一味追求大学生身体素质的锻炼，这种也是不可取的，需要进一步加强改革，争取制定出有利于田径运动长远发展的政策和措施。

4. 教学条件较差

发展到现在，在科学技术快速发展的背景下，学校田径教学的条件也得到了很大的改善和提高。但是相比其他学科，高校田径教学还存在一定的差距，田径教学的投资和教学条件明显比其他学科要低，由于社会对田径教学和教学条件的不重视，致使很多高校的田径课程仍然停留在传统的教师教，学生学的被动态势，田径运动教学水平也受到明显的限制。

（二）田径教学改革的策略

1. 突出素质教育

相对于其他运动项目，田径运动比较枯燥，缺乏趣味性，因此田径运动的训练要比球类运动等项目艰苦、困难，但正是因为这样，田径运动才具有球类运动等所不具有的功能。比如，在进行跳高练习或者跨栏练习的时候，学生不但能够改善身体弹跳力、灵敏性和柔韧性，还能对意志品质进行磨炼。

由此可见，要使我国的高校田径教学走出困境，必须重建田径教学在体育教育中的影响力，拓展田径运动素质教育功能。

2. 健身性和竞技性相结合

受传统体育教学观念的影响，我国体育教学往往比较偏重竞技性，轻视健身性，田径运动更是如此。强调竞技性，给高校田径运动教学带来的是枯燥、单一、乏味，一定程度消耗了大学生对田径运动的兴趣。毕竟高校的田径运动教学不是培养竞赛的冠军，过于强调竞技性，并不能促进高校田径运动发展。因而在田径课程设置改革中，应该适当弱化田径运动的竞技性教学，重视田径运动的健身性，但过于强调田径运动的健身性也是不适合的。有很多运动项目都具有健身功能，一味地只看重田径运动的健身性，田径运动就会被一些其他的项目取代。高校田径课程改革，应该将田径运动的健身性和竞技性相结合，保证"健康第一"的同时，也要培养学生的全面素质。

3. 加强教学管理

在高校体育教学中，教师对教学方面的管理是非常重要的，对教学效果有着直接影响。

首先，高校田径教学应该发挥学生主体作用，教师要根据学生的需要和教学目标、要求进行合理的引导。在田径课程教学中，只有学生主动思考问题，发现自身不足，去寻找解决这些不足的办法，才能有效地提高训练效果。但在田径课程教学实践中，必须看到大部分学生技能还处于发展阶段，并不成熟，特别是田径运动基础不好的学生，难以全面意识到田径运动训练对其自身发展的重要意义。所以，教师在田径课程教学中，应该从学生的特点和体育需要出发，注意学生在学习中的问题，选择适合他的教学方法和手段来引导学生进行训练。

其次，在学校田径教学中，教师不能够因为学生们怕苦怕累就减小训练量，也不能为迎合学生兴趣一味安排趣味性较强的田径运动游戏。教师应该做到从学生"健康第一"的角度出发，在学生进行练习时，适当地提高强度，增加运动负荷，让学生在身体能够承受的强度下进行田径项目学习。

第二节　球类运动

一、教育改革视角下的乒乓球运动

乒乓球运动现在也正在进行教育改革。教育改革要求教师不但要关注乒乓球基础知识的教学，还要重视学生的技术打法，同时引导学生养成正确的运动习惯和健康的生活方式，加强对学生身体素质的培养。体育教师也应当按照教育改革的要求，从教学思路、方法等方面不断进行调整与创新，提升教学质量。

（一）教育改革下乒乓球教学要求

1. 以需求为导向

班级内的学生在乒乓球运动方面可能由于兴趣程度、运动水平和学习能力等方面的不同，对乒乓球学习也会产生不同的诉求。在传统的教育教学思维中，教师无法及时了解到学生的诉求，没有与学生产生过多的交流，因此教学效果也无法达到令教师满意的程度。通过教育改革，进行高校乒乓球教学的体育教师应当注重学生的实际需求，与学生在友好中相处，及时听取学生的反馈与建议，这样才能在课程教学中对学生需求有一个全面了解。

2. 拓展教学资源

通过高校乒乓球的教学改革，学生能体验到更多的教学模式，学生对乒乓球的兴趣也会大大增加，提高了学生进行乒乓球运动的活跃度。体育教师可以通过多媒体给学生播放有关乒乓球比赛的集锦，还可以通过慢放、回放等技术对职业运动员的打法和技巧进行分析，让学生对乒乓球运动有更加直观和全面的了解。

3. 促进学生全面发展

学生多进行乒乓球运动，不仅能增强自己的身体素质、掌握更多的乒乓球技术，还能提升自己的意志品质，养成良好的运动习惯。学生可以通过课后与好友在校内体育馆练习达到提高乒乓球技能的目的，这样做不仅能养成健康的运动习惯，还能增进与好友之间的友谊。从学生全面发展的角度来说，乒乓球运动能提高学生的合作意识，强化学生的竞技精神，提高学生的抗挫能力，促进了学生的全面发展。

（二）乒乓球教学中存在的问题

1. 未重视学生的水平差异

有一部分学生可能会在乒乓球运动方面有天生的兴趣，与体育教师能打得不分伯仲；有一部分学生可能更倾向于篮球，所以乒乓球运动基础相对薄弱一些，这种情况在同一个班级内时有发生。学生在乒乓球方面的兴趣与水平存在差异是不可避免，教师要重视这种差异，避免采取"一刀切"的教学方式。

2. 落后的教学方法

高校学生更容易接受新事物，而抵触教学思维固化且教条死板的传统教学模式。如果能让学生对乒乓球运动保持学习热度，就能减小教学阻力，提升教学效果。在目前的体育教学中，由于有些体育教师存在教学压力大、教学思维固化等问题，因此没有及时创新教学方式。比如，有些体育老师在考核学生运动情况时，对运动结果的重视程度高于运动过程，这就说明体育老师没有完善差异化考核标准，对学生的不同运动基础没有全面了解，这样的考核结果是无意义的。

（三）基于教育改革的乒乓球教学策略

1. 实行层次化教学

新课标下的高校教学主张层次化教学，体现在乒乓球教学中就是根据学生在乒乓球方面的基础程度，给学生划分小组，每个小组在每节课上都会被分配不同的任务与目标。小组基础程度可以按照薄弱和扎实来划分，基础较薄弱的学生主要完成掌握基本功即可，基础扎实的学生应当在课堂上掌握有关乒乓球搓球、推挡球等运动技巧。层次化教学能提高学生的自信心，给予学生学习方向。

2. 夯实师资力量

对于乒乓球来说，学生想要达到入门级别的运动程度是非常简单的，但是更加深入的提升就要依靠训练量的增加和教师水平的高低。学生对乒乓球运动技巧的掌握程度主要与教师的专业能力、教学水平有关，教师可以通过播放我国乒乓球选手在奥运会上的视频集锦等方式提升自己的教学水准，从而影响学生。

3. 优化考核模式

体育教师在进行乒乓球运动考核时，应当优化考核模式，按照学生的掌握情况进行分层次考核。比如，在对学生进行搓球技术考核时，老师可以在动作达标的情况下将考试动作分为初级、中级和高级。初级动作要求无根本性差错，允许动作僵硬与不协调；中级动作要求无基本错误，要有适当的节奏感；高级动作要求动作正确且具有协调性和连贯性。考试达标分数为 30 分，动作技术为 20 分。考试形式为两人一组进行对搓，根据一分钟内对搓的最高次数进行评分。

4. 以赛促练促学

体育老师可以适当地组织学院内乒乓球对抗赛，从每个班级中选择 1～2 名乒乓球技术水平相对较高的同学，完成对抗赛后根据名次给予相应的奖励。这种比赛不仅能增强参赛同学的集体荣誉感，还能让观看比赛的同学学习到相应的乒乓球技术，增强自身对乒乓球运动的学习意愿。

5. 运用信息技术

通过运用多媒体技术，搭建互动教学平台，让学生和教师都参与进来且共同探讨教学内容，打造完美的教学流程。通过在线观看世界级乒乓球赛事，教师可以向学生教授乒乓球运动相关的人文知识，帮助学生了解国家乒乓球运动员的拼搏进取精神以及团结协作精神。同时，还可以激发学生的爱国情感和对乒乓球运动的热爱，使他们更加主动地学习。此外，通过生动、形象的比赛画面，学生可以更深入地理解乒乓球技术动作，更熟练地掌握乒乓球技巧。

二、教育改革视角下的篮球运动

（一）篮球教学改革的意义

1. 顺应时代发展的需求

在我国，篮球运动备受民众喜爱，高等院校也十分重视篮球这一运动的教学。这种教学不仅是体育课程的一部分，更是对我国篮球事业进一步发展的有益推动。改革大学篮球教学模式，推动其科学化发展是教育界关注的热门话题。随着时代的发展，高校教育正不断引入先进的技术和新的教育理念，推动教师和学生的教学方法和学习模式进行变革。目前，传统的高校篮球教学大纲仍然在使用，但这种模式已经不能满足学生的全部需求。体育在学校教育中扮演着至关重要的角色，它是学校教育的基石之一。通过体育教育，不仅能够全面提升学生的自身素养，还可以推动教育现代化和建设体育强国的进程。学校体育活动有利于弘扬社会主义核心价值观，培养学生的爱国精神、集体意识。学生们通过参与体育活动，不仅能培养积极向上、勇往直前的意志品质，还可以运用从体育中所获得的智慧，展现自己的个性与魅力。所以，高校篮球教学应顺应时代的进步，践行党的教育方针，重视不同学生的个性化发展与差异，以立德树人为中心思想，帮助学生全面发展并提升其综合素质。

2. 有助于大学生的全面发展

教育改革的目标是培养富有创新力的人才，高校在这一方面起着关键作用。除了注重传授理论知识和实践能力，高校还需要重视学生成长过程中身体和心理的健康，这是未来学习和工作的基础，也是培养社会需要的全面发展人才的重要保障。篮球是备受学生青睐的运动项目，除了能够提高身体素质，参加篮球运动还有助于培养坚忍不拔、勤劳耐劳的精神品质，并能够培养自信和意志力。篮球是一项专注于团队协作的运动项目，打篮球可以让学生以更充沛的精神和健康的身体投入学习。因此，为了激发更多学生参与篮球运动的热情，培养其长期坚持体育锻炼的意识，需要革新和改进当前高校的篮球教学模式，促进大学生素质的全面发展。

（二）教育改革视角下篮球教学存在的问题

1. 教学理念落后

尽管近年来高校体育教育有了很大进步，但是某些高校的篮球教师由于长期受到传统教育观念的影响，还没有真正转变教学理念。在这些篮球教师中，他们更加看重实践的过程，而忽视理论的指导。在设计篮球课教学内容时，一些篮球教师过分关注实践教学，强调让学生通过大量实际练习锤炼技能和增强身体素质。有些教师认为，篮球课应该让学生掌握相关篮球技艺，从而为他们今后的锻炼打下基础。尽管不少学生对篮球运动非常感兴趣，但他们对篮球理论知识的了解并不是该项目的全部。篮球理论教学在教学实践中常常被忽略，学习计划也很少涵盖理论教学的内容，这给篮球教学的全面推进带来了一定的制约。在课堂教学实践中，理论知识常常被简化或者被忽略不提。这造成了篮球教育中理论知识的缺乏，学生对篮球的战术、规则和文化了解不够充分。此外，篮球运动也注重参与者拥有出色的团队合作能力。不过，在进行训练时，教师通常会过于着重教授学生个人技能，而忽略了团队合作和培养学生兴趣的重要性。一些学校在教学中偏重实践，不注重理论，这种教学理念存在许多问题。这种教学方法可能会逐渐消耗学生的学习热情，对高校篮球教学的质量和可持续性发展产生负面影响。

2. 教学方法和内容落后

目前，一些高校的篮球教师仍然奉行传统的教学方式，这种方式过于单一，缺乏变通。在传统的篮球教学中，主要就是教授学生各种篮球技巧。传统的教学方法是先进行静态讲解，再由老师进行示范，最后学生进行实际练习。这种教学方式缺乏新意，没有考虑到学生之间的差别，也没有拓展和深化现有的篮球教学内容。这种教学方式缺乏对学生兴趣和运动需求的考虑，学生只能被动地接受老师灌输的知识。因为教学计划未充分考虑到学生的自主能力，学生在学习篮球知识时缺乏足够的激情和主动性，因此未能实现篮球教学的目标。一些篮球老师没有按照教学标准来拓展课程内容，所以他们的教学方法显得过于简单，他们只会简单地教授几个基本的技巧，如传球、运球和投篮，并且经常重复讲解相同的内容，这对于激发大学生的篮球兴趣不利。有些篮球教练过早让学生参加比赛，即使学生尚未完成正式的训练和掌握充分的篮球技能也这样做。这种做法导致学生在比赛中表现不佳，动作不规范，篮球技术不娴熟。有些教师在篮球实践教学中采用自由式教学方法，虽然这种方法能够提高学生的学习兴趣和活跃度，但是缺乏科学的引导，难以达到提高学生篮球技能水平的目的。从上述情况可以得出结论：目前，大学篮球的教学方案和内容已显现出缺乏创新和变革的问题，必须借助教育改革的契机，不断开拓新的方法和思路。

3. 教学场地不足

篮球教学效果受到多方面因素的影响，其中之一便是教学场地的质量。教学场地是进行篮球教学的基本保障，必须给予充分重视。由于室内篮球场建造费用高昂，而室外篮球场又常常受天气影响，所以高校的篮球场地有限，难以满足篮球教学和活动的需要。这种局面导致高校无法提供足够的篮球场地，甚至无法满足最基本的篮球教学需求，致使篮球课程安排相对较少。在高校进行篮球教学时，由于每个班级只能使用一个场地进行训练，很多学生等待技术动作训练的时间增加，从而导致每堂课可进行的练习次数相对减少。这种局面严重影响了学生的参与度，抑制了学生的学习积极性，导致教学需求难以得到满足。

4. 师资力量较弱

高校篮球教学的质量取决于教师综合素养的高低，综合素养也是提升工作质量的一个重要关键因素，在篮球教学改革中尤为重要。一些高校目前存在忽视篮球教师定期培训的情况，教师的篮球技能和理论知识更新不及时，同时也没能及时更新教学理念和方法，这导致缺少素质高、专业性强的篮球教师。因为篮球教师缺乏足够的技术、知识和文化素养，所以他们无法为学生提供专业的指导，导致教学效果不佳。虽然一些大学聘请了专业的篮球教练，但教练人手仍然短缺，无法满足热爱篮球的学生在课堂上的需求。因此，在教育改革的背景下，亟须加强高校篮球专业教师人才队伍的建设。

5. 教学考核体系不完善

目前，高校篮球课程缺乏健全的教学评估机制，对学生的评价主要集中在课堂出勤率和篮球技能掌握水平上，忽略了对其理论知识和篮球学习积极性、参与度、创造力以及技术提高水平的考核。此外，评价方式也过于单一，缺乏对学生在篮球学习中多方面表现的综合评价。这种评估方式过于偏重学生篮球技能的表现，忽视了其他多种能力的考核。这种评估方法会阻碍学生的学习动力和主动性，违背了篮球课程学习的本意，也不利于高等院校体育教学的改进。

（三）基于教育改革的篮球教学改革策略

1. 转变篮球的教学理念

当前教育改革的背景下，高校体育教学改革正在逐渐推进。若想快速提升篮球教学水平，教师需革新现有的教学理念。高校篮球教师应遵循教育体制的变化，确立篮球教学的目标，及时更新教学理念，主动获取并掌握先进教学理念和方法。高校篮球课程旨在提高学生在篮球技术方面的水平，帮助他们全面了解篮球规则和背景文化，培养与实践相关的能力，激发他们对篮球运动的兴趣和热情，同时让他们认识到体育锻炼对于身体健康的重要性。因此，在高等教育篮球课程中，需重视学生综合能力的提升。要革新传统的教学模式，以学生为主体，让他们成为课堂的主角，激发他们的学习热情和自主性。我们的教育目标之一是帮助学生养成终身体育意识，注重培养他们对篮球学习的热情。为了正确引领高校篮球教育改革，必须确立符合现代要求的教育理念，并更新教学方法。

2. 优化篮球的教学内容

在篮球教学体系中，教学内容起着至关重要的作用。若想提高篮球教学质量，必须提供高水平的教学内容，引发学生对篮球学习的兴趣。篮球教练需要根据每周有限的教学时间以及高校篮球教学的实际情况，精心选择必要的篮球基本技能和理论知识，合理安排教学内容，深入浅出地进行科学教学，让学生全面认识到篮球运动的魅力与重要性。教学时间的规划也很重要，因为我们需要确保理论授课不会占用太多时间，还要给学生更多机会进行实践，这样他们才能更好地掌握篮球技巧和战术。只有这样，学生们才能更深入地了解篮球这项运动的奥妙，提高篮球教学的质量。

3. 丰富篮球的教学方法

在教育改革的大背景下，高校篮球教师需要不断创新教学方式，紧跟教育改革的指导思想，使篮球教学活动更有方向性和目的性。通过优化篮球教学的策略和手段，使学生在课堂上获得实质性的收获和体验，并能够真正从中受益。教学内容过于固定、教学方式单一，难以激发学生学习的兴趣。因此，高校需要不断推进素质教育，采用多种教学方式，以更好地促进学生的全面发展。在篮球教学中，使用"开放式"的教学方法可以结合学生的个人需求，加强学生与教师之间的互动与沟通，使教学更具个性化。随着互联网的迅猛发展，越来越多的教师开始应用多媒体技术来提升授课效果，这种方法也可用于篮球教学。篮球教练运用多媒体技术进行教学，通过图像、视频和动画等形式，反复展示篮球动作技巧，呈现生动的教学内容，让学员更好地理解技能要点。学生通过更细致的观察篮球技巧动作，可以更容易地掌握相关技能。另一个行得通的方式是通过播放篮球比赛的录像，在课堂上详细讲解运动员运用的技巧、策略以及比赛规则等内容。通过使用小组协作学习、探究式学习、信息化教学和体验式教学等教学方法，教学效果可以进一步提升。为了在学习过程中让所有学生都获益，教师需要采用差异化的教学方法，以满足不同学生之间的个体差异。因此，在继续采用传统的篮球教学方法的基础上，要不断推进多元化的教学方法，以激发学生学习篮球的兴趣和热情，提高高校篮球教学水平。

4. 完善篮球场地设施

随着篮球运动在学生中的普及，高校应该投入更多资金，加强篮球场地的建设和改进，以满足学生参与篮球运动的需求，这包含新场地的兴建以及现有场地的改良和提升。除此之外，相关机构还需确保篮球场设施达到高质量的安全标准。此外，还应提供室内球场充足的通风和照明，以及及时清除室外球场上的垃圾。同时，应重视定期对球场和器材进行维护保养，以延长设施的使用寿命并保障学生的安全。

5. 加强篮球师资队伍建设

考虑到教育改革的影响，高等院校应逐步加强对教师团队的建设，规划一支由经验丰富的篮球教学专家、专业知识储备丰富的学者、技术水平高超的讲师等组成的教师队伍，提升篮球教学水平，为学生提供更高水准的教学服务。为了不断提高教学水平，高校应经常性举办篮球教师培训交流活动，帮助他们及时了解最新的篮球理念。可邀请专业篮球教练和其他优秀的高校篮球教师为学生举办篮球教学演讲。教师可以借此机会进行观摩学习，从其他教师的先进教学经验中汲取营养，提高并优化自己的教学技能。教师把精力放在课余时间的同时，还应该致力于提高自己的教学水平和专业技能。为了取得良好的课堂教学效果，必须深入研究最新的篮球相关科研成果，不断跟进时代潮流，争取领先优势。高校应该注重吸引并选拔那些具备专业技能和理论水平的年轻教师，这将有助于提高整个教师队伍的水准，更好地推动高校篮球教学水平的提高。

6. 开展篮球赛事活动

要提高高校篮球教学质量，就要激励学生积极参与。一种方法是在校内组织篮球比赛，或联合其他高校开展大学生篮球赛事，以便让学生有更多的机会在课余时间得到锻炼和实践。篮球比赛不仅能够考核学生的运动技巧和理论知识，还能为评估教师的教学水平提供依据。篮球运动可以激发学生的学习热情和竞争意识，增强他们的参与意愿。高校举行篮球比赛不仅可以丰富学生的课余生活，也有助于推动校园体育文化的繁荣。

三、教育改革视角下的足球教学

在足球运动中，奔跑锻炼可以帮助高校学生提升身体平衡能力，增强肺活量，进而提高身体健康水平。为了更加顺利地进行足球教学工作，教师需要深入研讨和探讨，以提高学生的足球实践技能和知识水平。这不仅有助于学生掌握更多的技能，还能增强他们的体育学科综合能力。为了有效地提高大学生在足球方面的能力和水平，我们应大力推进足球教学的改革和创新。需要以"终身体育"为主导思想，逐渐建立全新的足球教学模式，以推动足球教学工作有序进行并取得实际效果。

（一）足球教学改革的意义

足球教学在高校教育工作中是非常关键的一部分，也是高校体育教学的中心内容。通过足球教学，学生们可以全面提升体育素质，同时也能实现高校培养优质人才的目标。为了持续提高高校足球教育的成效，我们需要在当前时代的大环境下，不断促进高校足球教学的创新与改革。这样，我们就能够不断探索出新的教学方式和路径。高校足球教学改革的核心意义主要体现在以下两个方面。

首先，满足培养多维度人才的需要。

现今社会对人才的期望不断增加，人才不仅需要具备专业技能，还要拥有出色的身体素质。因而，高校必须重视体育技能的培养，以推动人才培养工作的创新改革，并进一步加强专业知识教育。通过参加体育锻炼，大学生不仅可以增强体质，还能提升适应当前社会的能力。因此，积极推进高校足球教学改革是一项十分必要的举措。我们需要逐步改革足球教育，放弃过去传统的教学方式，以便让学生能够持续参与足球锻炼，这样有助于培养他们良好的健身习惯、勤奋拼搏的精神、积极乐观的态度以及团队协作意识。为了推动大学生学习和成长，我们需要积极促进和支持高校足球课程的改革和创新。

其次，教学内容需要根据时代的变化作出相应的调整。

现在，高校的体育教育正面临全新的挑战。我们需要探索创新的体育教育模式，在教育中贯彻"终身体育"的理念，并且让学生获得这一理念的启示。因此，在新的时代背景下，我们需要打造一条崭新的足球教育之路，进一步推动高校足球教学的系统化和有序化。此外，传统的体育教育不仅在教育模式和教育观念上与当下存在较大偏差，也与现实需求存在一些不符合的地方。为了满足现代教学需求，必须积极推动高校足球教学的创新改革，确保其有条不紊地进行。

（二）足球教学改革的必要性

在大学教育中，足球教学占据着重要的地位，高校足球教学改革的必要性主要体现在以下两个方面。

第一个方面，高校足球教学方法陈旧过时，缺乏现代感。

当前高校足球教学工作最显著的问题是教学方法相对比较落后。高校在进行足球教学工作时，普遍采用传统的教学方法，以任务型教学模式为主。由于这种教学方式已经过时，因此高校的足球教学变得单调乏味，缺乏吸引力，难以激发学生的兴趣。此外，这样的教学方法不利于足球技能的全面提高，对学生足球综合素质的提升效果不佳，也无法有效促进学生的体能训练。在教学实践中，一些教师在进行足球教学时往往没有科学的设计和规划，只注重完成教学任务，而无法有效地传授足球知识和技能。他们往往会循规蹈矩，依照传统的教学方式，传授必要的知识后就让学生自由活动或自由练习。这种方法已经与时代发展脱节，可能会影响学生的积极性，导致教学效果不佳。因而，我们必须更加积极地创新高校足球教育，改进教学方式，以确保教育质量与时代变革相适应，从而有效提升高校足球教育水平。

第二个方面，高校足球教学内容缺乏创新。

高校足球教学存在明显的问题，包括滞后、缺乏新颖性等，主要表现为部分教师只重复教授相同的内容，期望学生通过反复训练获得足球技能。这种方法不但无法提高学生的足球运动水平，也不能引起学生对足球运动的兴趣，反而会对高校足球教学水平造成负面影响。在当前的实际情况下，高校足球的教学内容主要集中在基本技能层面，如运球、传球、接球和射门等。相对而言，足球战术和战术教学有待加强，重复教授基础技能可能会导致学生失去学习动力和兴趣。因此，在当今时代环境下，积极实施足球教学的改革创新变得极为关键。此外，还应将独特的教学内容逐步纳入到高校足球教学体系中，确保高校足球教育工作能够取得良好的效果。

（三）基于教育改革的足球教学改革策略

1. 创新足球的教学方法

传统足球教学方法注重向学生灌输技术知识，缺乏积极参与和主动学习的机会，因此无法满足教育的需求。高校应该根据教学计划，依托足球的团结协作精神，创新授课方法，加强师生交流，促进学生间的默契与合作，激发其学习兴趣，提升其自主学习能力。除了在教学方面不断创新，我们还需要积极尝试创新教学手段，利用多种资源，如利用多媒体，提高教学质量。多媒体技术可以生动地呈现各式各样的足球技巧，包括解说视频、随机播放足球动作等，这些方法可帮助学生更好地理解足球技巧。

体育教师应当尝试创新教学方式，不局限于传统的示范教学模式，运用信息技术创造多样化的场景，向学生展示规范的足球运动技能。通过观看体育视频，帮助学生熟练掌握足球运动技巧，以推进足球教育的专业化发展。在足球教学中，老师借助多媒体动画演示足球规则，促使学生更加深入地理解足球规则，学以致用。除此之外，老师还可运用多媒体技术向学生展示有关足球技巧的影片，学生可以通过观摩、实践，更深入地掌握专业知识。

2. 优化足球的教学内容

尽管足球课程内容十分丰富，但是由于高校设置的时间有限，完成足球教学目标仍然具有挑战性。一般而言，要真正参与足球比赛，必须先掌握足球运动的基本技能，如控球、运球等。因此，高等教育机构需要不断完善足球教育的内容。

足球教学的重点在于传授基础技巧和战术知识，培养学生准确掌握技术和理解战术的能力。在教学过程中，要注重锻炼学生的技术熟练度和战术意识，而非过于重视胜败之争。足球教学的目的在于向学生传授相关知识，使他们对足球运动有更深入的了解，并通过积极参与的方式提高身体素质。为了确保学生掌握足球基本运动技能，我们可以缩短专业技能课程的时间，增加与战术和比赛有关的教学时间。最后，高校应当重视挑选实际价值更高的课程教材。

除了探讨足球的发展历史，足球理论课的内容还应包括积极宣传足球文化，并有效融合与足球运动相关的其他知识。另外，在设计第二课堂计划和制定校园足球政策时，应该充分考虑足球的特色，将它们应用到校园建设中，以此激发更多学生对足球的学习热情。

虽然足球课程内容已经很丰富，但高校却没有足够的课时来授课。为了在短时间内高效地培训学生，可以采用运动技能、战术能力和身体素质等方面相融合的"体技战"一体化思想，进行全面训练。高校应对单一战术和比赛教学内容进行控制，以提高训练课程的实用性。

3. 规范足球的教学体系

首先，高校要确立一套全面的足球教学评估体系。为了确保教学质量，足球教学应该强调实践操作。因此，必须设立可行的评估机制，强化对教学素质和学生学习状态的监督，进一步提高教学水平。在这一过程中，教师应深入了解学生情况，设计合适的教学方式，充分考虑学生学习状况的各个方面，利用信息反馈机制，实现创新教学的目标，改善教学水平，激发师生对学习的兴趣，保证教学成果的最大化。

其次，我们需要制定健全的高校足球教师管理制度，以促进竞争。高校可以大力推进足球选修课程教学方案的制定，并对其实施有效的管理，以确保教学质量不会因应付式教学而大打折扣。我们还需高度重视规范教学主体，全面实施教学任务，以提升学生的学习效率。

最后，需要协调足球运动与其他体育运动的不同之处。为了唤起学生的学习热情，教师需要设计一套个性化的教学计划。教师应当更新教学方法，注重核心知识点的讲解，并且专注于传授足球技巧。

第三节　健美操运动

一、健美操运动概述

（一）概念

2005 年，国际上将健美操统一命名为"Aerobics Gymnasics"。在简·方达这位来自美国的健美操著名代表人物口中，健美操能改变人们的形体特征与心理感受。随着经济社会的发展，人们对于健美操的认识也在不断变化。我国学者对于健美操的概念也有不同的理解，有学者认为健美操是一种注重人体美的新型艺术性体育项目，着重于健美体态，以身体锻炼为主要内容，并借鉴体操、舞蹈和音乐等艺术元素。还有一些学者认为，健美操是一项动态的选美比赛，它结合了体操和舞蹈动作，并在音乐的伴奏下展开，强调人体的美感。

本书将健美操运动的概念定义为：健美操是融音乐、体操、舞蹈于一体，以身体练习为基本手段，以有氧运动为基础，通过徒手、手持轻器械和用专门器械的操化练习实现增进健康、塑造形体、陶冶情操的一项体育运动项目。

在健美操运动中，身体强劲律动，需要髋、膝、踝关节协调完成。健美操运动对音乐具有严格的要求，必须节奏分明、强劲有力、动感十足。

（二）发展概况

两千多年前，古人就对健美操产生了浓厚的兴趣，其提倡将音乐与体操结合起来，这为健美操在现代的形成与发展奠定了基础。现代健美操运动最早是在 20 世纪 60 年代开始萌芽的，最初是美国太空总署专门为太空人设计的一套为达到强身健体的体能训练内容，由当时的医学博士库伯尔设计了一些动作并逐渐加上音乐伴奏和服装。1969 年，杰姬·索伦森综合了体操和现代舞创编了这种带有娱乐性风格、简单易学的健美操。20 世纪 70 年代末，健美操作为一项独立的体育运动项目兴起。首次健美操比赛是在 1983 年举行的，随后在 1984 年还举行了首届远东区健美操大赛，该比赛在日本举行。自 1984 年两次大赛成功举办以来，健美操运动在全球范围内迅速兴盛。每年国际上举办的赛事包括：健美操世锦赛、世界杯、世界冠军赛和全球巡回比赛。随着时代的发展，越来越多的人开始认识到健美操在保健、医疗、娱乐等方面的实用价值，这与人民生活水平的不断提高密切相关。它吸引了不同年龄段的爱好者参与，并形成了一定规模的消费群体。以健美操竞赛和推广为主题的专题节目在各电视台上热播，受欢迎程度远超其他节目。因为健美操比赛场地的多样性和集中性，可以在体育馆和舞台上举办，这为企业提供了结合比赛开展广告宣传的机遇。

现代健美操在我国兴起于 20 世纪 70 年代末 80 年代初。1992 年，中国健美操协会在北京成立，从此我国健美操运动朝着国际化、科学化、规范化的方向发展。2006 年 6 月，第 9 届健美操世锦赛在中国南京举行，这是中国迄今为止唯一一次举办健美操领域的最高水平赛事。中国队在这届世锦赛上拿下了男子单人与集体 6 人操的金牌，这也是中国健美操队员首次获得的冠军。2010 年 6 月，法国举行了第 11 届健美操世界锦标赛，我国健美操国家队正处于新老交替的时期，最终获得了一金（三人操）、一银和团体第三的优秀成绩。2011 年 2 月的健美操世界杯（法国站）上，中国队包揽全部五枚金牌，同年 5 月份的健美操世界杯（保加利亚站）的比赛上，中国队又获得四金一银的优异成绩。2012 年第 12 届世界健美操锦标赛上，我国运动员获得了四金两铜的好成绩。2014 年墨西哥世界健美操锦标赛上，中国队遭遇低谷，没有取得较为突出的成绩，不过在两年后的 2016 年健美操世界杯上，中国队参加了五个项目比赛，斩获四枚金牌。

二、健美操运动教学的改革发展

（一）健美操运动教学的不足

在我国，健美操已取得了较快的发展，也一直深受学生的喜爱。但是，在健美操教学改革中，仍存在着一些问题，其主要体现在以下几方面。

1. 教学内容单一

目前，高校健美操课程一般都是一学期学习一套操、每节课学一节固定操的教学模式。其教材的教学内容比较单一，大多数学生只是为了应付考试而被动学习和练习，体会不到健美操的乐趣，严重影响了学生的学习兴趣。在某种程度上，这种固定的教学内容，束缚了教师的思维，也扼杀了学生的个性。因此，只有更新健美操的教学内容和理念，才能使高校健美操的发展更加科学和健康。

2. 教学方法单调

高校健美操的教学课程以导学式为主，一般而言，教师上一节健美操课，大多按照讲解、示范、教授、指导等步骤完成教学内容，学生只能一味地跟练、自练，这种"注入式"的教学方法，使学生不断重复和机械地进行健美操的学习，容易导致学生出现消极的态度。这种单调的教学方法，使健美操的教学过程显得死板，气氛沉闷，缺乏教学的灵活性。

3. 忽视美育教学

健美操是一项青春时尚的运动，它是随着时代的发展而不断变化的。但目前，在高校健美操教学课程中，健美操的教学内容主要以成套教授为主。在音乐选择上，健美操教学课堂上一般都是一套动作配一首音乐、两套动作配两首音乐的形式，在音乐的选择上过于单调，不够丰富。在课堂教学方式上，教师往往以健美操的实践教学为主，对学生的美育教学不足，忽视了学生的感受和兴趣的培养，不利于学生从健美操的教学中获得美的感受。

除此之外，在健美操教学过程中，学生的动作本来应表现为积极快速、刚劲有力，并伴有相应的加速和制动，但是在目前教学的过程中发现，学生掌握的动作往往缺乏健美操本身所特有的动感和美感。

4. 缺乏辅助教学手段

在教学条件上，高校健美操存在严重不足，如场地紧张，表现在想学健美操的学生很多，但场地不够用，而选择在室外教学，往往保证不了教学的效果。辅助教学手段的缺乏，使健美操教学存在单调、僵化的问题。

5. 创编能力的缺乏

在高校健美操课堂上，学生虽然学会了一整套健美操动作，但过段时间后又会渐渐淡忘，因为单一老套的动作对学生来说比较枯燥无味，无法引起学生对健美操练习的兴趣和积极性。这种主要是以教师动作教学为主，使学生学习成套动作的定式，缺乏针对性，不利于学生创编能力的培养。

（二）健美操运动教学改革的策略

1. 创新模式

健美操是随着时代的进步发展起来的运动项目，其更新换代较快，加上高校大学生又是新事物的快速传播者，所以在健美操课程教学中，其教学内容与方法应该以丰富多彩的形式出现，才能满足学生对健美操不断发展的要求。此外，在健美操教学中，要打破单一的教学模式，要重视教学过程中的开放性和现代性。同时，还要改进和吸收一些学生感兴趣的教学内容，从学生实际需求出发，提高健美操教学的效果。

2. 重视美育教育

高校健美操教学课程主要以健身、提高审美能力为主要目的，因此，高校健美操课程，要改变以往一堂课一首音乐的单一教学模式，应适量增加一些不同风格、不同节奏的音乐，给学生带来身心愉悦之感。在教学实践外，教师还应重视加强美育教育，积极采用引导式的教学方式，潜移默化地向学生灌输美体健身之道，提高学生的审美观，让他们自觉地增强自身体质，懂得欣赏形体健美。

此外，在健美操教学中，融入形体练习不仅能有效地改进学生的技术动作，还能更好地提高其身体的协调性和柔韧性，增强他们对动作美和形体美的感受和理解。

3. 合理分配教与学

在现代健美操教学中，要求其教学课程不仅要注重教师的示范指导作用，同时还要给学生充足的自主练习时间，要充分调动学生学习的主动性和积极性，活跃课堂气氛，打破导学式、"注入式"的教学方法和传统模式，充分将教师主导作用和学生的自主学习相结合，并进行科学合理的分配，以获得健美操教学的最佳效果。

4. 加强培养创编能力

健美操的创编过程是很复杂的，它不仅取决于健美操学习者本身的身体素质、技术水平、创新和想象能力，还要求练习者具备一定的音乐理解力。因此，在高校健美操教学中，教师要有针对性地训练学生的这些能力，在每堂课中，可以多放一些不同节奏和不同风格的音乐，多看一些健美操的视频等。同时，学生还要多做一些健美操练习，培养自己的协调性等。教师要增加对学生创编的考核，制定规程，由学生自主创编健美操动作，教师给予评价并打分，这可以加强学生健美操创编能力的培养。

5. 采用多媒体技术手段

随着科学技术的迅速发展，现代化多媒体辅助教学手段已经成为健美操教学的重要内容。多媒体课件辅助教学，声像俱全，图文并茂，伴奏优美，这有利于调动学生的积极性，激发其学习健美操的兴趣。

综上所述，在高校健美操的教学改革过程中，要以学生为主，充分满足学生的学习兴趣和需求。教师要充分发挥其主导作用，不仅要加强对学生的美育教育，还要在教学内容上，善于解放思想，打破传统，因材施教，并运用多媒体课件辅助教学。同时，还要注重学生的健美操创编能力的培养，以符合当今新时代下健美操在高校中的发展和改革要求，从而培养出全面发展的高素质综合型人才。

第四节 武术运动

一、传统武术的概念

传统武术历史悠久，属于中华民族传统文化的重要组成部分。有关武术的内容，主要指的是机体的技击动作，其从运动形式上来说，主要包括三种形式，即功法、套路和搏斗。另外，武术对于参与者的内外兼修也是非常重视的。在漫长的发展历史过程中，传统武术逐渐具有了丰富的文化形态、较高的价值以及浓厚的文化色彩。因此，可以说，传统武术作为我国的国粹，是中华民族传统文化的重要组成部分。

"武术"一词最早出现在南朝《文选》颜延年《皇太子释奠会》诗中的："偃闭武术，阐扬文令"。但是，在不同的历史发展时期，"武术"一词的内涵也是有所差别的。当前，武术主要是指人们用来锻炼身体、促进健康与维护自身安全的一种技击技术，这与以前武术的概念是有着很大的区别的。在颜延年的诗中，"武术"一词的基本意思为停止武战，发扬文治。由此可见，武术的发展历史是非常悠久的。

二、武术运动教学的改革发展

（一）武术运动教学的不足

1. 单一的教学模式

要成为一名优秀的武术教师，需要具备高超的武术技能和教育素养。目前，有些教师并未充分重视武术教学方法的改进，常常采用自己示范的方式进行教学，导致学生在课堂时间内只能被动地跟随老师学习，而无法自由训练和发挥。如果只采用单一的教学方式或者枯燥无味的授课方式，那么学生的学习热情和兴趣就会受到很大的消耗，同时也会让教师失去授课的热情，预期的教学质量也就无法得到保证。

中国武术既是有益于身体健康的锻炼方式，也是涵盖着深厚的民族文化底蕴的一门艺术。在高校中进行武术教学工作的体育教师应当深入领会传统文化，只有这样才能在教授大学武术时将其贯穿其中，达到更好的教学效果。事实上，许多教师在实际的武术教学工作中只注重展示和分析武术基础动作，忽略了传授攻防技能和理论知识。

2. 缺乏教育资源

目前，我国高校的武术教学存在资源不足、课程单一等问题。在大学里，多数课程侧重于教授传统武术技巧（如长拳、单枪、棍棒等），但是却很少有课程是教授散打技巧的。这样做会导致教学内容过于单一，不能满足学生多样化的学习需求，同时也不易激发学生的学习兴趣。许多大学在教学中主要依赖课程教学资料，但是大多数大学仅仅将纸质的课件扫描成数字化文档，简单介绍课程概述、教师团队和教学设施等情况。普通高校在建设体育网络教学资源方面，未充分认识这些资源对激发学生自主学习的重要作用[①]。

3. 教学内容与方式未创新

高校武术教学创新的核心任务是在课程内容、教学方式及教学手段方面进行改革，然而，目前高等教育武术教学中存在着内容不全面、教育方式和手段陈旧的问题。高等院校的体育教育常常只注重传授课程大纲中规定的内容，教学方法和内容较为单调，缺乏对学生兴趣和需求的不断挖掘与创新。其次，高校的武术教学方式过于僵化、缺乏创新，难以激发学生的学习兴趣。老师将动作分解并进行个别指导，学生就会模仿，但是老师演示的武术动作往往为一种或者几种组合，学生难以深入理解动作的连贯性和力量的运用细节等。

4. 师资水平不高

在高等院校开设武术选修课程后，有一些教师是兼职授课的，他们的教学经验和专业知识仍需提升。传统的武术教育通常由教师主导授课，采用一种"灌输式"的教学方式，教师与学生之间的互动不够频繁。在引导学生学习武术之前，教师必须先提高自身的专业素养，加大岗前培训力度。

5. 学生的反馈意见不足

综合而言，高校已经对武术教学的目标、内容、时间等进行了明确的规定。然而，在有限的教学时间内如何让教学更加高效，是教师一直以来都在思考和探索的问题。如果教师只是简单地进行拳法训练，而没有给学生提供机会表达自己的观点，那么学生就只能学到动作技巧，而无法真正理解动作背后的意义和价值。

（二）武术运动教学改革的策略

1. 改革武术教学内容

目前我国大多数学校开展的武术教学，内容多数比较单调，最为常见的武术教学内容为初级拳、初级器械、二十四式太极拳等。事实上，这些项目并不能激发学生对传统武术的兴趣。所以，对武术教学的改革就应该先从教

---

① 李广. 普通高校体育网络教学资源存在问题及对策 [J]. 当代体育科技，2018，8（30）：147-148.

学内容入手，如增设短兵、散打等对抗性项目。由于个体发育等的影响，男孩子可能更喜欢一些对抗性强如散打、对练等富有挑战性的项目，女孩子则更愿意选择健与美为特点的木兰拳等项目。

需要强调的是，在武术教学过程中，只有学校武术教学教材内容和教学方式与学生的兴趣和愿望相符，才能调动学生的学习自主性与积极性，培养学生独立思考的思维能力和勇于创新的精神。通过问卷调查可知，多数学生对对抗性强、集身体素质、心理素质与技术素质于一体的武术散打、短兵等对抗性运动比较感兴趣。然而也许正是因为这些项目带有对抗性，使得学校过多地在安全性方面予以考量，为稳妥起见，尽量避免这类武术内容的引入，这就使得武术教学内容呈现出不完整的现象。所以，改革学校武术教学内容时，一定要注意：一是以学生的生理特点、心理特点和学生的兴趣为主要依据进行合理安排；二是要在学校武术教学中适当增加武术散打、短兵等搏击、对抗性技术的教学内容。通过体现武术的技击性来使学生习武的兴趣得到激发，进而使武术教学的质量得到进一步提高。

2. 改进武术课程结构

为了提升武术教学效果，需要对武术教学的课程设置进行完善与考量。与其他运动项目相比，武术教学在技术教学的过程中有独特的特点，其表现在武术需要不间断的练习和巩固，并且还要充分体会技术动作的内涵与实际技击作用，由此达到熟能生巧，直至最终将具体动作的真正效用充分发挥出来的目的。

不过就实际中的学校体育教学课时的安排来看，仅仅一学期或一学年的时间并不能满足武术教学中所必需的练习时间需求，故而学生就难以从大量的练习中获得对技击技术的感悟。对学校武术教学课程的结构进行优化和改进是唯一的解决方案。

具体来说，合理改进学校武术教学课程结构可以从以下两个方面入手。第一是适当增加武术基础课课时；第二是建立配套的、衔接的武术教学模式，为学生提供长期的、经常性的教学辅导机会，如俱乐部制、课外辅导制等。只有这样，武术学习才能达到对从课内向课外合理而有效地延伸的目的，进而形成一个有机的结合体。

3. 完善选课制度和内容

目前在我国的基础教育阶段，大多数学校尚未实行学生自主选课制度，当进入高中和大学阶段后，自主选课制度逐渐出现，学生可以根据主观意愿选择感兴趣的体育教学内容，但根据一些相关调查数据可以看出，学生在选课中的主体地位并没有得到充分体现，不少学生在体育教学过程中还是处于被动的地位。就武术教学来说，尽管学生可以选择这项运动来学习，但其中涉及的教学内容、教学组织、教学模式、教学进度等教学元素上仍然是以教师为主，所谓的自主性受到了限制，这与传统的体育教学基本是一致的，这就给学校武术教学带来一定的困扰。

以学生的兴趣为出发点，建立形式多样的武术课堂，把各种形式的武术和教学进度等展示到学生面前，是学校真正应该实施的选课制度，也是完善武术选课制度的重要前提条件。同样，在这样的情况下，学校学生可以以兴趣喜好和自身的身体素质为主要依据对教学内容进行自由的选择，从而调动学生参与武术教学的积极性和主动性，活跃整个校园的武术气氛，提高武术教学效果。

4. 运用多媒体手段

现代科技的发展让更多的媒体手段应用于展示事物的运动过程，对于非常依赖示范的武术教学也需要从教学手段上下足工夫。学校学生的时间主要是在校学习，没有太多机会去观摩各类武术比赛，这就要求学校以达到改进武术教学、提高武术教学效果为目的，将多媒体手段作为武术课的辅助教学方式引进来，其中应用最为广泛的就是视频教学。

武术教学应用多媒体手段的优势有两点：第一是能够将教师示范动作时难以体现出来的重点和难点充分展现出来，有利于教师有针对性地解决相关问题；第二是由于现代声像教法手段具有直观、形象、生动的特点，容易让学生接受和掌握，而且不只是对学生的学习有较大帮助，给武术教师的备课与教学同样带来了便捷，如教师可以通过网络下载并保存武术动作的方式，反复学习和练习，使自己专业技术上的不足得到弥补，这样才能更好地教授学生，提高教学质量。

5. 课内外武术活动相结合

在学校中开展的体育教学活动并非仅仅是课堂上的教学活动，在课后也要有一些课外活动，以此作为课堂教学的延伸，武术教学也是如此。为了能够使武术在学校课外体育活动中占据一定的地位，这就要求学校首先要充分认识到课余武术活动的作用和价值，加强对课余武术活动的组织与指导。为此需要做好如下两点工作。

（1）鼓励教师参与课外武术活动。可以适当地以绩效补贴为激励手段，或将课余武术指导工作纳入对教师职称和考核教师工作中。

（2）协助学校武术社团或协会等组织的活动，并对组织的管理工作进行指导，以期形成多渠道开展武术活动的模式。

6. 提升教师职业素质

针对教师的培训方面，他们可以利用网络收集与武术相关的视频和素材，并进行深入分析和自学，以此提升自己的专业技能水平。除此之外，教师还可以通过与专业武术教练的在线交流，探讨并解决遇到的问题，向他们请教，以便修正自身不足，不断提高教学质量。

参考文献

［1］ 栾泽晓. 现代体育教学论［M］. 北京：北京工业大学出版社，2019.

［2］ 侯向锋. 体育教学与篮球体能训练研究［M］. 长春：吉林出版集团股份有限公司，2022.

［3］ 李婷婷，刘琦，原宗鑫. 现代学校体育教学理论与方法［M］. 长春：吉林人民出版社有限责任公司，2021.

［4］ 王海燕. 现代体育教学功能实现与创新应用［M］. 北京：中国书籍出版社，2021.

［5］ 王伟. 体育教学理论及实训研究［M］. 北京：北京工业大学出版社，2019.

［6］ 李正贤. 多重理念下的高校体育教学改革研究［M］. 北京：中国原子能出版社，2020.

［7］ 刘景堂. 高校体育教学改革研究［M］. 北京：中国纺织出版社，2019.

［8］ 田雪文. 现代信息技术下高校体育教学改革的审视［M］. 长春：吉林出版集团股份有限公司，2021.

［9］ 郝乌春，牛亮星，关浩. 新时代背景下高校体育教学改革与发展研究［M］. 北京：中国商业出版社，2021.

［10］ 杜烨，刘斌，刘慧. 新背景下的高校体育教学改革与发展［M］. 北京：中国原子能出版社，2020.

［11］ 郭卉娟. 终身体育视域下高校体育教学改革实践［J］. 当代体育科技，2023，13（8）：73-76.

［12］ 尚永恒. 体教融合视域下高校体育教学改革路径探究［J］. 教育教学论坛，2023，3（9）：84-87.

［13］邢炜，张瑛秋. 高校体育教学改革的价值意蕴、目标导向与实践路径
　　　［J］. 教育理论与实践，2023，43（6）：58-61.

［14］田琳. 高校体育教学改革的思路及策略研究［J］. 江西电力职业技术学
　　　院学报，2023，36（1）：34-36.

［15］张国浩，谢玮. 基于体教融合视域下高校体育教学改革路径研究［J］.
　　　湖北开放职业学院学报，2023，36（2）：167-169.

［16］王兵柯，栗志阳，王佳雪. 终身体育理念下高校体育教学改革路径探索
　　　［J］. 张家口职业技术学院学报，2022，35（4）：78-80.

［17］张双全. 信息化视域下大学体育教学改革探讨［J］. 教育教学论坛，
　　　2022（49）：50-53.

［18］曹峰，向茂娟，郭飙. 教育信息化背景下的高校体育教学改革［J］. 当
　　　代体育科技，2022，12（31）：56-61.

［19］涂金龙，李爱菊. 课程思政视域下的高校体育教学改革路径［J］. 教育
　　　理论与实践，2022，42（24）：62-64.

［20］韩英超. 人性化视域下高校体育教学改革的现状［J］. 通化师范学院学
　　　报，2022，43（8）：130-134.

［21］黄丰煜. 深化新时代教育评价改革背景下上海财经大学体育教学改革
　　　效果研究［D］. 上海：上海体育学院，2022.

［22］魏然. 体教融合背景下大学体育教学改革路径研究［D］. 北京：首都体
　　　育学院，2022.

［23］张峰. "健康第一"理念下南京师范大学公共体育教学改革的研究
　　　［D］. 南京：南京师范大学，2019.

［24］张阳. 北京体育大学体育教育专业 64 学时足球必修课教学改革实证研
　　　究［D］. 北京：北京体育大学，2018.

［25］韩冰. 终身体育视域下普通高校公共体育课程与教学改革探讨［D］. 哈
　　　尔滨：哈尔滨体育学院，2017.

［26］韩艳. 健康体育视角下山东省高校体育教学改革走向的分析［D］. 济
　　　南：山东体育学院，2015.

［27］余岚. 大学生个性化体质健康促进研究［D］. 北京：北京体育大学，2013.

［28］王娟. 普通高校体育教学改革的理论与实践研究［D］. 武汉：武汉体育学院，2012.

［29］柴武龙. 运动处方教学模式在高校体育教学中的实践与研究［D］. 北京：北京体育大学，2010.

［30］高亮. 学分制下的我国普通高校体育教学改革［D］. 芜湖：安徽师范大学，2004.